당신의 인생을 정리해드립니다

당신의 인생을 정리해드립니다

이지영 지음

차례

프롤로그: 지금 살고 있는 집, 편안한가요? ──────── 008

공간이 바뀌면 인생도 바뀐다
처음으로 절실히 느낀 '집'이라는 공간의 소중함
과거도 미래도 아닌 '지금 이 순간'의 행복
작은 변화로 인생 전체가 말끔히 정리되는 기적

Part 1
누구를 위한 집인가?

계속 머물고 싶은 집 ──────────────── 019
비워야 할 물건이 많다는 것은 후회와 불안이 많다는 것 • 후회 없이, 과감하게 잘 비우는 방법 • 내가 좋아하는 물건은 숨기지 말고 드러내자

공간마다 각기 다른 역할을 부여하라 ──────── 030
물건을 분류한 뒤, 하나의 공간에 몰아 넣자 • 전문가의 조언, 남들의 고정관념 깨고 내 '삶'을 들여다보는 것이 중요하다 • 식탁을 거실에? 소파를 방 안에? 고정관념 버리면 변화가 쉬워진다

"그 방은 안 쓰는 방이야." ──────────── 043
공간도, 물건도 쓰는 사람의 성장과 변화에 맞게 • 의미 없이 나열된 물건들이 거실을 창고로 만든다

아빠들이 일찍 오고 싶어 하는 집 ──────── 052
일하는 엄마아빠에게 가장 중요한 건 휴식과 숙면 • 효율성, 안락함을 높이는 아빠방 구성법

딱 1평도 좋다, 엄마가 마음 편히 쉴 곳 —————————— 058
나만의 여유를 즐길 수 있다면 공간이 아니라 물건이어도 좋다 • 잠깐의 기쁨보다 오래 가는 행복감

"남자아이 셋 키웁니다." ————————————————— 064
아이가 있다면 '완벽한 정리정돈'보다 '놀이 공간 정해주기'가 먼저 • 아이들 책은 '꺼내 보고' 싶도록 전면 책장에 표지가 보이게

스스로 자기 공간을 정리하는 아이들 ————————— 073
정리 DNA보다 더 중요한 것이 있다 • 스스로 공부하게 만들려면 공부 성향에 맞게 공간 구성

혼자 사는 사람에게도 로망은 있다 —————————— 080
먹고, 자고, 놀고, 쉬고 모든 일을 거실에서? • 가구도 재구성이 가능하다

Tip 집의 첫인상, 편안하면서도 단정한 거실의 비밀 —————— 088

Part 2
버리는 게 능사가 아니건만

'미니멀라이프'도 좋지만, '미니멀'보다 '라이프'가 먼저———— 093
버릴 것인가, 말 것인가? 물건과 이별하는 데도 예의가 필요하다 • 나를 이해해야 진정한 미니멀리즘도 가능하다 • 상패를 보관하는 가장 힙한 방법

"여기 왼손잡이 가족분 있나요?"————————————— 105
잘못된 위치, 잘못된 방향만 바로잡아도 쓰임과 효율이 완전히 달라진다 • 사람을 먼저 알고 집의 콘셉트를 잡는다

이국적이고 개성 있는 물건들이 각자의 매력을 뿜어내는 공간 —————— 113
아이들에게는 아이 전용 갤러리를

처음부터 버릴 생각으로 물건을 들이지는 않겠지만 ─────── 122
어떤 물건이 들어오고, 어떤 물건이 나가는가?

소중한 추억을 어떻게 버릴 수 있나요? ─────────── 129
추억템의 가치를 높이는 법

Tip 보송보송 반짝반짝, 욕실 청소 쉽게 끝내는 법 ─────── 134

Part 3
당신의 인생을 정리해드립니다

"정말 욕 안 하실 거죠?" ───────────────── 139
집은 인생이 담긴 공간 • 인생의 마지막을 정리하는 마음

"엄마, 저거 좀 버려요." ──────────────── 147
물건에 쌓아 올린 부모님의 걱정과 근심 • 좋은 상태를 경험해보는 것

다시 멋진 삶을 채울 수 있는 공간을 선물하세요 ─────── 155
결핍을 채워주고 위로해주는 작은 선물

왠지 모르게 기운이 좋은 집 ───────────────── 162

나를 살게 해준 정리의 기적 ───────────────── 165

18평 여섯 식구 ──────────────────────── 168
정리해주는 사람의 삶도 함께 달라지는 기적

Part 4
내 손으로 직접 해보는 우리 집 공간 컨설팅

정리의 순서는 한 공간을, 집중적으로, 드라마틱하게 ——— 179
가구는 마지막에 버려도 된다 · 정리의 시작은 바구니가 아니다

공간은 넓고 물건도 없는데, 뭐가 문제지? ——— 185
가구의 역할만큼 중요한 위치, 높이, 컬러, 재질 · 집 안 분위기를 확 바꾸는 패브릭 소품, 가구 잘 고르는 법

숨은 공간까지 정리해야 완벽해지는 집 ——— 194
책장에 책을 꽂을 때는 시선이 먼저 닿은 곳을 여유 있게 · 냉장고의 재발견

항상 깔끔한 욕실의 비밀은 '아무것도 없는 것처럼' ——— 203
수경재배 식물, 욕실 로망을 완성하는 신의 한 수

주방이 카페가 되는 기적 ——— 210
편리한 주방은 동선이 만들고, 깔끔한 주방은 수납이 만든다 · 포인트 아이템으로 스타일리시하게!

"어머, 내 옷장이 편집숍이 되었네." ——— 218
걸어서, 색깔별로, 잘 보이게 · 드레스룸이 없다면 옷장을 활용하자

Tip 소중한 내 옷, 찾기 편하고 안 망가지게 관리하는 법 ——— 226
Tip 우리 가족 건강을 책임지는 깔끔한 주방 만들기 ——— 228

부록 | 우리 집에 이런 잇템은 꼭 필요하다! ——— 230
감사의 말 ——— 234

프롤로그

지금 살고 있는 집, 편안한가요?

집에서 보내는 시간이 길어진 요즘입니다. 예전의 집은 먹고 자고 씻는 곳이었지만, 요즘 집은 학교이자 직장이고 극장이자 맛집입니다. 영화도 집에서 보고, 배달음식도 집에서 먹고, 학교 수업도 집에서, 회사 일도 집에서 합니다. 예전에는 집에만 있으면 답답했는데, 어쩔 수 없이 못 나가게 되니 나름대로 자구책을 찾아 가드닝, 요리, 홈트 같은 새로운 취미를 갖게 되었다는 분들도 많습니다. 인간은 역시 적응의 동물인지라 집콕 생활에도 자연스럽게 적응하고 있다고들 하십니다.

여러분의 집은 어떤가요? 집에 있을 때 편안한가요? 아무리 청소를 열심히 해도 어수선하고, 왠지 모르게 마음에 안 드는데 대체 뭐가 잘못된 건지 잘 모르겠다는 분들이 많습니다. 저것만 버리면 좋겠는데, 혹은 이런 것만 사서 걸어놓으면 훨씬 괜찮을 텐데 하는 것도 있을 것입니다. 특히 요즘처럼 집에 오래 있다 보니 관심이 많아졌으리라 생각됩니다.

공간이 바뀌면 인생도 바뀐다

편안한 공간이란 어떤 곳일까요? 일단 넓고 쾌적하면 좋겠죠. 먼지 하나 없이 깨끗하고, 세련된 스타일의 가구, 벽지, 바닥재로 꾸며 인테리어 잡지에 나오는 것처럼 해놓아도 좋을 것입니다. 아니면 모델하우스, 작품 전시회장처럼 물건 하나 없이 미니멀하게 꾸며져 있으면 좋지 않을까 싶을 때도 있을 것입니다(비현실적인 얘기죠? 네, 맞습니다). 그런데 그런 공간에 머물고 있으면 몸과 마음이 편안할까요?

공간 크리에이터인 제 생각은 조금 다릅니다. 저는 '사람이 우선인 공간, 라이프스타일에 맞고, 사용하기에 가장 편리한 공간'이 가장 좋은 공간이라고 생각합니다. 세상의 모든 집이 천편일률적으로 잡지 화보 같을 수는 없습니다. 그럴 필요도 없고요. 바닥에 앉아 낮은 찻상을 앞에 두고 차 마시기를 좋아하는 사람이라면 요즘 유행하는 하얀색 대리석보다 내 엉덩이 크기에 맞는 포근한 방석이 최고입니다.

제가 하는 일은 '공간 크리에이팅', '공간 컨설팅'이라고 부릅니다. 이 일은 그 공간에서 생활하는 사람의 라이프스타일을 관찰하는 데서 시작됩니다. 밤늦게 퇴근하는 아빠, 새벽에 출근하는 엄마, 블록 놀이를 좋아하는 유치원생 막내, 자기 방에 콕 박혀 있길 좋아하는 고등학생 아들, 강아지와 고양이의 일상을 관찰합니다. 언제 나가고 들어오는지, 구성원마다 집에서 제일 오랫동안 하는 활동이 무엇인지, 가족이 함께 하는 활동은 무엇인지, 집밥을 자주 해 먹는지, 함께 TV 보는 것을 좋아하는지, 소중하게 여기는 과거의 추억은 무엇인지도 빠짐없이 관찰합니다. 문제해결이 안 될 때 역시 그곳에 머무는 사람의 라이프스타일에서 실마리를 찾곤 합니다.

처음으로 절실히 느낀 '집'이라는 공간의 소중함

제가 왜 이 일을 하게 되었는지, 무엇을 지향하고, 언제 가장 기쁘고 보람찬지 말씀드리기 위해서, 먼저 간단히 제 소개를 하겠습니다. 좀 쑥스럽지만 제 가정사 이야기도 잠깐 해드리겠습니다. 제가 고등학교 때 IMF가 터지면서 아버지 사업이 급격히 기울어 집안이 힘들어졌습니다. 경제적인 이유로 저희 가족은 어쩔 수 없이 뿔뿔이 흩어져 살게 되었죠. 저는 원래 하고 싶었던 미술공부를 포기하고 빨리 취직할 수 있을 것 같아 유아교육과가 있는 전문대학에 진학했습니다. 가족과 떨어져 홀로 공부하며 방학 때도 알바를 하며 열심히 이십대를 보냈죠. 저뿐만 아니라 가족 모두 힘든 시간을 보내던 어느 날 어머니가 '사글세 단칸방이라도 좋으니 다시 모여 살자'는 제안을 했습니다. 저도, 동생도, 부모님도 서로 자주 못 만나고 떨어져 지내는 게 정말 못 견딜 정도로 힘들었던 것입니다.

우여곡절 끝에 약간의 돈을 마련해서 정말로 방 1칸짜리 사글셋방에서 네 식구가 다시 함께 살게 되었습니다. 다 큰 두 딸이 부모님과 함께 한 방에서 잤지만, 어렵게 모인 만큼 정말로 행복했습니다. '아, 역시 가족은 같이 살아야 가족이지.' 싶었죠. 함께 있는 것만으로 서로에게 이렇게 큰 위로가 된다는 사실이 그저 놀라울 뿐이었습니다. 그리고 그때 저는 처음으로 절실히 느꼈습니다. 가족이 함께하는 '집'이라는 공간이 사람에게 얼마나 큰 행복을 주는지 말입니다.

그렇게 세월이 흘러서 저는 졸업 후 직장생활을 시작했고, 5년 연애 끝에 결혼을 했습니다. 남편과 저는 연애 때부터 꼬박꼬박 월급을 모았고, 그렇게 모은 돈으로 전셋집을 얻어 신혼생활을 시작했습니다. 전셋집이었지만 처음으로 부모님 집이 아닌 제 집이 생겼다는 생각에 가슴이 벅차올랐죠. 깨끗하게 정리하고, 예쁘게 꾸며놓고 살고 싶었습니다. 그렇게 차근차근 정리, 수납, 인테리어를 공부하고 제 집에서 직접 실험(?)도 해보면서, 제가 이쪽 분야에 열정도 크고 소질도 꽤 있다는 걸 알게 되었습니다. 제 마음에 드는 원단을 사서 미싱으로 커튼을 만들어 걸고, 싱크대 리폼이나 페인트칠 등을 해보았는데, 결과물이 꽤 괜찮았던 것이죠.

취미 삼아 해본 것인데 어느새 주위에 입소문이 나기 시작했습니다. 워킹맘이자 남매맘인 제가 직접 체험해보고 실현해본 여러 가지 인테리어 아이디어, 정리·수납 노하우를 주위 사람들에게 알려주고 도와주다 보니, 사업을 해보라는 이야기까지 듣게 되었습니다.

당시 저는 전공을 살려 15년 넘게 유아교육 일을 해왔고, 마흔이 다 된 나이에 하던 일을 그만두고 새로운 사업을 시작할 용기도, 확신도 선뜻 생기지는 않았습니다. 과거의 경력을 버리고 완전히 새로운 영역에 진입한다는 게 말처럼 쉬울까 걱정스럽기도 했습니다. 하지만 내가 더 좋아하는 일이 뭘까, 더 신나게 할 수 있는 일이 무엇일까를 고민해보니 다른 선택지가 없었습니다. 그길로 저는 '공간 크리에이터'라는 제2의 커리어를 시작하게 되었습니다.

과거도 미래도 아닌
'지금 이 순간'의 행복

그런데 이 일이 하면 할수록 너무 재미있고, '일하면서 이렇게 즐거울 수도 있구나' 할 정도로 좋아졌습니다. 넓든 좁든 제 도움을 받아 달라진 공간에서 사람들이 행복해지면 좋겠다는 생각이 더욱 커졌고, 더 공부해서 더 잘하고 싶다는 욕심도 커졌습니다.

대체 무엇이 저에게 그런 자극을 주었을까요? 저는 공간을 정리하는 것이 곧 인생을 정리하는 것과 같다고 생각합니다. 공간이 바뀌면 기분이 달라지고, 기분이 달라지면 매일의 일상이 바뀝니다. 하루하루가 달라지면 결국 인생이 달라집니다. 정말 많은 분의 인생이 달라지는 것을 제 눈으로 똑똑히 확인했으니, 어떻게 이 일이 재미없을 수가 있을까요?

과거에 대한 미련과 미래에 대한 걱정은 우리 머릿속에만 있는 것이 아닙니다. 머릿속이 복잡한 사람은 집도 복잡합니다. 아니, 집이 복잡해서 머릿속이 복잡한 것일 수도 있습니다. 어쨌든 집을 복잡하게 만드는 요소들을 가만히 살펴보면, 대부분 과거에 대한 집착, 미련에 관한 물건이거나 혹은 미래에 대한 걱정, 불안으로 인해 집에 들인 무언가입니다. 쓰지도 않을 게 뻔한데 사다 쟁여둔 물건들, 이미 한참 전에 떠나 보냈어야 했던 물건들이 '지금 이 순간'의 내 행복을 망치고 있습니다. 공간을 바꾸는 일이 누군가의 인생을 바꿀 수 있으니, 결국 제 일은 책의 제목처럼 '당신의 인생을 정리해드립니다'가 아닐까요?

꽤 오래전의 일입니다. 한번은 어느 의사 부부의 댁에 의뢰를 받고 찾아갔습니다. 부부가 모두 바쁘다 보니 집을 정리하고 관리할 물리적 시간이 절대적으로 부족했던 경우였죠. 정리하던 중 문 뒤에 숨겨져 있던 그림 한 점을 발견했습니다. 굉장히 멋진 그림이었는데, 거기에 그림이 있었는지 아무도 몰랐던 것입니다. 그 댁의 아들은 그 그림을 처음 보고는 "와, 우리 집에 이런 멋있는 그림이 있었어?" 하고 놀라더니, 저희가 바꿔놓은 집을 보고 진심으로 감탄하면서 '죽어가던 공간을 살려냈다'고 말했습니다. 그 이야기는 아직도 제가 이 일을 왜 해야 하는지에 대해 생각할 때마다 방향이 되어주곤 합니다. 의사는 사람을 살리지만, 저희는 공간을 살리는 셈이죠.

작은 변화로 인생 전체가
말끔히 정리되는 기적

생각보다 많은 사람이 집이라는 공간을 아주 불편하게 사용하고 있습니다. 불편하지만 의식하지 못한 채, 그저 공간에 자신들을 맞추고 사는 것입니다. 우리나라 집의 구조가 다 비슷비슷해서 그런 것일 수도 있지만, 가장 큰 이유는 고정관념에서 벗어나지 못하기 때문입니다. TV와 소파는 거실에, 식탁은 주방에, 침대는 안방에 있어야 한다는 생각을 버리면 훨씬 더 많은 문제들이 쉽게 해결됩니다. 이 문제에 대해서는 앞으로 집중적으로 점검해보겠습니다.

'아, 집에 가고 싶다' 하는 생각, 저만 이렇게 자주 하나요? 집은 언제든지 가고 싶은 곳이고, 쉬고 싶은 곳입니다. 그런 만큼 그 안에 살고 있는 사람 위주로 생각해야 합니다. 물건을 새로 사든, 있던 물건을 버리든, 가구 배치를 바꾸든, 바닥이나 벽지를 바꾸든 사람과 쓰임에 맞춰야 합니다. 남들의 기준, 세상의 고정관념에 따라 설계된 공간에서는 절대 편안할 수 없습니다. 공간을 위해 나를 바꾸지 말고, 나를 위해 공간을 바꿔보세요. 사소해 보여도 생각보다 많은 것이 달라집니다. 작은 변화로 인생 전체가 말끔히 정리되는 기적, 지금부터 소개하겠습니다.

Part 1

누구를 위한
집인가?

가장 중요한 것은 언제나 '사람'이다

계속 머물고 싶은 집

집은 세상 어느 곳보다 편안해야 합니다. 여러분과 맞지 않는 공간, 맞지 않는 물건에 억지로 여러분을 끼워 맞추지 마세요. 그런 채로 시간이 지나면 몸도 마음도 아파집니다.

앞서 말했듯이 코로나 시대에 집은 단순히 먹고 자고 씻는 공간이 아닙니다. 남에게 보여주기 위한 공간도 아닙니다. 집은 나와 가족에게 가장 편안한 공간, 오래 머물고 싶은 공간으로, 행복한 삶을 담는 캔버스와 같습니다. 그런 편안한 공간, 계속 머물고 싶은 공간을 만들기 위해서 우리는 무엇부터 시도해볼 수 있을까요?

최근 집에 있는 시간이 늘어나면서 '와, 우리 집에 버려야 할 물건이 이렇게 많았어?' 하고 놀라는 사람이 많다고 합니다. 기억조차 못하는 물건들을 끌어안고 살았다는 사실을 처음 알게 된 사람도 많고요. 공간을 재구성하든 정리하든, 머물고 싶은 공간을 만들 때 제일 먼저 할 일은 '비우기'입니다. 불필요한 물건들을 비워내야 공간을 확보할 수 있습니다.

비워야 할 물건이 많다는 것은
후회와 불안이 많다는 것

가족이 함께 지내든, 1인 가구로 혼자 살든 여러분의 공간은 '현재'입니다. 이 공간에서 행복을 느끼는 나는 '현재의 나'입니다. 과거의 나도 아니고 미래의 나도 아닙니다. 그런데 '현재의 나'의 행복을 심각하게 방해하는 '이곳'은 온통 과거와 미래로 가득 차 있습니다. 무슨 말이냐고요? 물건이 많은 집에 가보면 집주인의 머릿속, 마음속이 약간은 짐작이 됩니다. 미래에 대한 불안과 걱정이 많은 분들은 앞으로 쓸지 안 쓸지도 모르는 것들을 지나치게 많이 쟁여두고 삽니다. 반대로 과거가 너무 많은 집에는 추억, 후회, 집착이 물건에 고스란히 반영되어 어지럽게 쌓여 있습니다.

과거에 집착하느라, 혹은 미래가 불안해서 가지고 있게 된 물건들은 삶을 가둡니다. 짐 더미에 갇혀 사는 사람은 현재의 행복을 온전히 누리지 못하고, 현재의 삶에 충실할 수도 없습니다. 그러니 아무리 비싼 동네, 좋은 집에 살아도 만족하기가 어려워집니다. 여러분의 공간을 사랑하기 위해서는 일단 비우는 것부터 시작해야 합니다.

후회 없이, 과감하게
잘 비우는 방법

코로나19로 인해 많은 직장인들이 재택근무를 하게 되었습니다. 저도 올해 유난히 '홈오피스' 의뢰를 많이 받았습니다. 홈오피스 만들기를 예로 들어 공간 크리에이팅의 몇 가지 중요 포인트를 설명해보겠습니다.

집에 안 쓰는 방이 10개쯤 된다면 모를까, 보통 가정집에서 갑자기 방 하나를 전부 비우고 홈오피스로 만들기는 사실상 불가능합니다. 아이 방을 아빠 홈오피스로 만든다면 아이 방에 있던 그 많은 짐(가구, 장난감, 옷, 책 등)은 어디로 보내나요? 말처럼 쉽지 않습니다.

집에 있는 물건들은 모두 유기적으로 연결되어 있습니다. 물론 보이는 부분만 대충 깔끔하게 정리해서 홈오피스를 만들 수도 있겠죠. 하지만 그런 일회성 정리는 얼마 못 가 다시 원래대로 돌아옵니다. 아이 짐을 계속 거실에 펼쳐놓고 살 수는 없으니까요.

실용적이고 지속가능한 홈오피스를 만들기 위해서는, 집 전체의 큰 그림을 파악해야 합니다. 큰 그림을 그려보면 공간을 확보하기 위해 버릴 것도 한눈에 들어옵니다. 여기서는 홈오피스를 예로 들었지만, 다른 경우에도 마찬가지입니다. 홈트 공간이나 실내정원을 계획할 때도 그렇습니다. 집 안에 있는 모든 것은 유기적으로 연결되어 있기 때문에 한 공간만 편안하게, 혹은 특정 용도로 변경하는 것은 집 전체를 다시 구성해야만 가능한 일입니다. 그리고 그 과정에서 '비우기'는 선택이 아닌 필수죠.

자, 사실 여기까지는 다 아는 얘기입니다. '누가 버릴 줄 몰라서 못 버리나요?' 하고 반문할 수도 있는데, 놀랍게도 버리지 못하는 분들이 꽤 많습니다. 엄두가 안 나서, 뭘 버려야 할지 몰라서…, 이유는 다양합니다. 잘 버리고, 후회 없이 버리고, 과감하게 버리려면 어떻게 해야 할까요? 팁을 하나 알려드리겠습니다. 제가 만나본 수많은 의뢰인들에게도 효과를 본 방법입니다.

저는 먼저 짐을 모두 밖으로 꺼낸 후에 그 공간에서 만들 수 있는 '최상의 모습'을 눈으로 확인시켜줍니다. 그런데 짐을 꺼내는 데도 방법이 있습니다. 종류별로 한곳에 모두 모으는 것이 포인트입니다. 책이 많은 집에서는 방마다 들어찬 모든 책을 꺼내서 한곳에 모읍니다. 옷이 많은 집도 옷장, 붙박이장, 서랍장마다 흩어져 있는 모든 옷을 꺼내어 한곳에 모읍니다. 그러면 1차로 '세상에! (책이/옷이/그릇이/장난감이) 이렇게 많았다니!' 하는 충격을 받습니다. 그러고 나면 무엇을 비우고 무엇을 남겨야 할지 느낌이 옵니다. 아무리 비우지 못하는 사람이라도 그 상태에서 다시 원래대로 되돌리고 싶어 하는 사람은 이제껏 없었습니다.

자, 드디어 숨도 못 쉴 것 같던 공간이 바뀝니다. 왠지 좋은 기운이 흐를 것 같은 여유롭고 넉넉한 공간으로 재탄생합니다. 애프터의 변화를 목격한 사람들은 다시 예전으로 돌아가지 못합니다. 그러면 후회 없이 과감하게 잘 버릴 수 있죠. 과거와 미래가 아닌 현재의 나를 행복하게 하는 것이 무엇인지 알게 되었으니까요.

내가 좋아하는 물건은
숨기지 말고 드러내자

버리고 비워서 공간을 마련했다면, 이제부터는 무엇으로 어떻게 채울지 생각해야 합니다. 한때 미니멀리즘 열풍이 불었던 적이 있습니다. 가족이 셋이면 숟가락도, 물잔도 3개만 남기라거나, 2년 동안 안 입은 옷은 버리라거나 하는 조언들이 넘쳐났죠. 그런 정리법이 마음에 들고 몸에도 잘 맞으면 그렇게 하면 됩니다. 미니멀리스트든 맥시멀리스트든 각자가 지향하는 바에 맞게 살면 됩니다. 단, 그 기준 역시 누군가의 조언에 생각 없이 따르기보다는 '내가 가장 편안하고, 나에게(혹은 우리 가족에게) 최적화된 공간은 어떤 공간인가'를 고민해보고 세웠으면 좋겠습니다.

여기서는 수납법이 아니라 '내가 좋아하는 물건'을 어디에 어떻게 둘 것인가에 대해 생각해보겠습니다. 오래 머물고 싶은 집을 만들기 위해서는 좋아하는 물건을 잘 보이는 곳에 두어야 합니다. 그러려면 먼저 내가 뭘 좋아하는지를 알아야겠죠? 그런데 의외로 내가 뭘 좋아하는지를 잘 모르는 분이 많습니다. SOS 구조요청 하듯 의뢰하는 주부들도, 부모님 집을 바꿔달라는 자녀들도, 본인이, 혹은 부모님이 뭘 좋아하는지를 잘 모릅니다.

얼마 전 일입니다. 책과 와인을 사랑하는 의뢰인의 집을 재구성해드렸습니다. 그때의 경험이 이 질문에 답이 될 것 같습니다. 의뢰인의 집은 일반적인 가정집과 다르지 않았습니다. 책은 방에, 와인은 주방에 있었죠. 양이 엄청나게 많았던 책과 와인은 다른 물건들과 뒤섞여 있었는데, 제자리라 할 만한 곳을 찾지 못하고 '그냥 두었다'라고밖에 표현할 수 없는 상태였습니다.

저는 먼저 온 집 안 곳곳에 숨겨져 있는 책부터 모아 거실로 옮겼습니다. 방에서 제 역할을 못 하고 있던 책상을 거실로 꺼내 책을 읽을 수 있는 공간도 만들었습니다. 선반을 달아 이국적인 느낌을 냈고, 거실장 한 부분만 리폼해 가끔 보는 TV 대신 좋아하는 책을 놓았습니다. 거실은 커다란 서재처럼 바뀌었습니다. 빈틈없이 책으로 가득해 사용하기 힘들었던 책장을 리폼해 와인장으로 만든 후, 와인도 방 하나를 통으로 사용해 잘 보이게 정리해두었습니다. 한참 동안 바뀐 집을 둘러보던 의뢰인이 이런 말을 했습니다.

"한동안은 밖에 나가지 않을 것 같아요. 집에 계속 머물고 싶어서요."

여러분이 좋아하는 물건은 집의 가장 큰 공간에 혹은 좋아하는 공간에 두어야 합니다. 그래야 집도 좋아지기 때문입니다. 책은 무조건 서재에, 와인은 반드시 주방에만 두어야 한다는 법은 없습니다. 고정관념을 깨는 순간, 집은 머물고 싶은 공간이 됩니다.

한 가지 더 팁을 드리자면, 여러분이 가장 자주, 오래 머물러야 하는 공간에 가장 핵심적인 역할을 부여하는 것도 좋습니다. 예를 들어, 어린아이가 있는 집은 엄마아빠가 아이들과 함께 있어주어야 합니다. 아이가 노는 방과 부모가 일이나 공부를 하는 공간이 떨어져 있으면, 결국 아이는 장난감들을 모두 끌고 나와 부모 곁에 펼쳐놓게 됩니다. 아이들이 주로 거실에서 논다면 거실에 테이블을 놓고, 엄마아빠도 아이들이 노는 모습을 보면서 공부를 하거나 일을 하는 방법이 있습니다.

다음 페이지의 사진을 보면, 잡동사니로 가득한 창고방 구석에 마련되어 있던 작업 공간이 탁 트인 거실로 나왔습니다. 이렇게 되면 아이를 돌보기도 편하고 작업능률도 높아지죠.

제가 생각하는 집의 가치는 아주 간단합니다. 집은 현재의 내가 편안해야 하는 공간입니다. 그래서 과거의 집착과 미래의 걱정을 정리하는 일이 중요한 것입니다. 집에서는

방 안에 있던 사무용 테이블을 거실로 꺼내면 아이들을 지켜보며 일할 수 있어, 활용도가 높아진다.

주방으로 테이블과 소파를 꺼내는 것도 좋은 방법이다.

Part 1   누구를 위한 집인가?

내가 사랑하는 사람들, 물건들과 함께해야죠. 그러기 위해서는 먼저 내가 어떤 사람인지, 우리 가족이 어떤 사람들인지를 알아야 합니다.

남들이 만들어놓은 예쁜 집을 무턱대고 따라 한다고 나에게 편안한 공간이 될 수는 없습니다. 예뻐 보일 수는 있지만 쓰임이나 효용은 그 공간을 사용하는 사람의 일상적 습관, 라이프스타일, 더 나아가 인생관에 달려 있기 때문입니다. 여러분과 여러분의 가족, 반려동물은 무엇을 좋아하고, 어디에 머물길 좋아하나요?

사람을 관찰하고, 취향을 발견하는 일, 공간 재구성의 첫 걸음입니다. 전문가들이 천편일률적으로 알려주는 원칙, 법칙 같은 것 말고, 우리 가족에게 가장 편안하고 자연스러운 방법을 찾아보세요. 집에서 완전히 충전하고 편안한 시간을 보내도록 해주는 것이야말로 사랑하는 가족의 인생을 가장 뜨겁게 응원하는 방법입니다.

공간마다 각기 다른 역할을 부여하라

제가 공간 컨설팅을 하면서 1순위로 생각하는 것이 있다면 바로 '공간에 역할을 부여하는 것'입니다. 다시 말해, 공간마다 주요한 쓰임을 정하고, 역할에 맞게 가구와 물건을 배치하는 것이라고 할 수 있습니다. 이렇게 공간에 역할을 부여하면 자연스럽게 가구도 제 역할을 찾고, 더 쓸모 있게 변신합니다. 거실에서 제 역할을 하지 못하던 가구가 아이 방으로 들어가서 새로 산 가구처럼 쓰일 수 있는 것입니다.

심플하고 세련된 인테리어를 고수하던 신혼부부도 아이가 생기고 가구와 물건이 늘어나다 보면 모든 것이 뒤죽박죽 섞입니다. 이럴 때 흔히들 인테리어 공사를 다시 해야겠다고 생각하는데, 공사만으로는 절대 문제가 해결되지 않습니다. 이때가 바로 '공간에 제 역할을 부여해야 할 때'입니다. 공간에 역할을 부여하는 것도 때가 있습니다. 아무 때나 사시사철 하는 것이 아닙니다. 1인 가구가 결혼할 때, 신혼부부에게 아기가 태어났을 때, 오랫동안 직장생활을 하던 사람이 퇴사를 하거나 은퇴했을 때, 중년 부부가 자녀들을 독립시켰을 때처럼 인생에 큰 변화가 생겼을 때가 바로 그때입니다. 공통점이라면 가족 구성원에 변화가 생기거나 삶의 패턴이 달라졌을 때 살고 있는 공간을 되돌아보고, 변화한 삶에 맞게 공간의 목적을 수정하고, 거기에 맞게 새로운 콘셉트를 부여하자는 것입니다.

물건을 분류한 뒤,
하나의 공간에 몰아 넣자

사실 주방에는 주방용품만, 침실에는 침대와 침구만, 드레스룸에는 옷만 두는 게 제일 좋습니다. 이걸 몰라서 실천하지 않는 게 아니죠. 그런데 희한하게도 살다 보면 침실에 자꾸 옷이 쌓이고, 거실은 온통 아이 장난감으로 가득 찹니다. 심지어 멀쩡한 침대를 놔두고 온 가족이 거실 바닥에서 잠을 자기도 합니다. 왜 이렇게 공간은 역할과 콘셉트가 사라지고 뒤죽박죽이 되는 걸까요? 아이가 어질러놓아서, 남편이나 아내가 정리를 너무 못해서라고요? 그렇다면 그렇게 된 데도 이유가 있지 않을까요?

아이들이 있는 집을 예로 들어보겠습니다. 아이가 어리면 대체로 집 안 전체가 키즈카페로 바뀝니다. 침실엔 아기 침대와 모빌, 장난감이 가득, 거실은 바닥부터 아기 매트와 장난감이 가득, 미리 꾸며놓은 아기방도 아직 안 쓰는 물건으로 꽉 찹니다. 아이들을 위한 공간을 정하고 키즈카페처럼 꾸며주는 것은 좋습니다. 하지만 집 안 전체가 키즈카페가 되어서는 안 됩니다. 현관부터 베란다까지 집 안 전체가 '아이 전용'이 되면 엄마아빠는 어디서 쉬나요?

여기서부터 저기까지, 공간을 정해줘야 합니다. 정해놓은 공간만큼은 아이들이 가장 좋아하는 공간으로 만들어주면 됩니다. 방 하나가 되었든, 거실 한쪽이 되었든, 거기에서만큼은 아이들이 마음껏 장난감을 가지고 놀고, 다 놀고 나면 깔끔하게 정리할 수 있도록 함께 규칙을 정하는 것도 좋습니다.

아이들이 크다면 놀이방의 역할을 공부방으로 바꿔주면 됩니다. 집 안 곳곳에 흩어져 있는 책들을 모두 모아주는 것이죠. 거실에, 침실에, 아이방에 흩어져 있던 모든 책을 방 하나에 모아놓으면 유지, 관리도 훨씬 수월해집니다.

집 안 곳곳에 흩어져 있는 책장과 책들을
한 공간에 모아서 도서관처럼 만들 수 있다.

다락 공간을 도서관으로 만들 수도 있다.
이런 공간은 아이들이 아주 좋아한다.

Part 1   누구를 위한 집인가?

집이 비교적 넓다면 취미생활을 즐기거나 좋아하는 물건들을 따로 모아놓은 공간을 만들어보는 것도 좋습니다. 옷이나 신발을 좋아하는 사람, 예쁜 식기를 모으는 사람, 블록을 조립하거나 그림 그리는 취미를 가진 사람, 모두가 가능합니다. 혼자 사는 사람이라면 거실을 전부 좋아하는 물건으로 채울 수도 있겠지만, 가족이 함께 산다면 가족 모두가 사용하는 거실에는 최대한 가구도, 물건도 줄이는 게 좋습니다. 대신 방 하나를 따로 정해 역할을 부여하면 됩니다.

효과적인 가구 배치법이나 물건 정리법, 수납법 등은 그 이후의 문제입니다. 나에게 필요한 공간은 어떤 공간인가? 우리 가족에게는 어떤 역할을 하는 공간이 필요한가? 지금 그 공간은 어떤 역할을 하고 있나? 이러한 근본적인 질문에 먼저 답해보세요.

이도 저도 아닌 다용도 공간이 너무 많으면 공간에 역할이 사라집니다. 공간에 역할을 부여하고, 그 역할에 맞는 가구와 물건을 모아서 다시 배치해보세요. 완전히 다른 공간을 경험할 수 있습니다.

전문가의 조언, 남들의 고정관념 깨고
내 '삶'을 들여다보는 것이 중요하다

본격적으로 공간에 역할을 부여하는 방법에 대해 알아보겠습니다. 공간을 나누는 기준은 사람마다, 집마다 정말 다릅니다. 그러나 제가 생각하기에 가장 중요한 것은 고정관념을 깨는 것입니다. 침실에 침대가 있어야 하고, 거실에 TV와 소파가 있어야 하고, 아이가 태어나기도 전에 아기방을 만들어줘야 한다는 식의 고정관념 말입니다.

거실과 방 하나만 있는 집을 예로 들었을 때 매일 늦은 시간에 퇴근하는 아빠가 있다면, 아빠 침대를 거실에 놓아보면 어떨까요? 침실에서 엄마와 아이들이 자고 있을 때, 늦게 온 아빠는 아이들 깰 걱정 없이 편하게 씻고 TV도 보며 좀 쉬다가 잘 수 있을 겁니다. 아무리 그래도 어떻게 침대를 거실에 두느냐고 걱정하시는 분들이 있습니다. 그러나 아이가 아직 어린 여러 의뢰인들 댁에 적용해본 결과 아빠들의 만족도가 최고였습니다.

방이 2개 이상 될 때는 아기가 태어나면 아기방을 따로 준비하고 꾸미는 경우가 많은데, 사실상 웬만한 한국 아이들은 초등학교 입학할 때까지 엄마아빠와 함께 잡니다. 외국 아이들은 좀 다르겠지만, 우리나라에서는 그게 자연스러운 모습입니다. 그렇게 되면 최소 5~6년 동안 그 방은 늦게 들어온 아빠가 불편한 자세로 자는 방이 됩니다. 아이가 어리면 대체로 한곳에서 모두 함께 잠드는 경우가 많고, 널찍하고 낮은 패밀리 침대를 새로 들여놓아도 늦게 들어온 아빠 입장에서는 불편할 수밖에 없습니다. 그래서 결국 아빠들이 아기방에서 자게 되는 것입니다.

침실은 엄마와 아기가 편히 잘 수 있는 공간으로 만들고, 아빠도 편히 쉴 수 있게 해주세요. 집에서 하는 여러 활동 중에서 가장 중요한 것이 바로 '숙면'인데, 이렇게 고정관념을 깬 '공간의 역할 부여'는 가족 모두가 숙면할 수 있는 집을 만들어주기도 합니다.

덧붙이자면, 보통 첫 아이가 생겼을 때 아기방부터 만들어주는데 그게 다 부질없다는 것을 경험하고 나면 둘째부터는 그렇게 하지 않습니다. 첫 아이 때 보통 그런 시행착오들을 많이 하는데, 캐노피 달린 공주 침대에 캐릭터 벽지로 꾸미고, 초등학교 입학하면 필요하겠지 싶어서 유치하고 비싸고 으리으리한(공간을 많이 차지하는) 책상도 사놓습니다. 이것 역시 너무 앞서 나가는 일입니다.

공간과 가구는 필요할 때 필요한 용도에 맞춰 얼마든지 바꿔 쓸 수 있습니다. 몇 년 후의 일은 몇 년 후에 고민하는 게 어떨까요? 아이에게 정말로 혼자만의 공간이 필요할 때, 그때가 그런 공간을 만들어줘야 할 최적의 시점입니다. 그때에도 아이가 공주 침대나 알록달록한 벽지를 좋아할지는 아무도 모를 일입니다.

식탁을 거실에? 소파를 방 안에?
고정관념 버리면 변화가 쉬워진다

주방은 어떤가요? 삶이 바뀌면 주방도 바뀝니다. 대부분 식탁이 무조건 주방에 있어야 한다고 생각합니다. 그런데 정말 식탁이 꼭 주방에 있어야 할까요? 그렇지 않습니다.

요즘 새로 짓는 아파트는 주방도 점점 작아지는 추세입니다. 가족 구성원의 수가 적어졌고, 가족이 함께 식사하는 횟수도 현저히 줄었기 때문입니다. 집집마다 사정이 다르겠지만, 생각해보면 제가 어릴 때는 식구들이 아침, 저녁을 함께 먹었지만 요즘은 그렇지 않습니다. 외식도 잦아졌고, 각자 스케줄에 따라 먹는 경우가 훨씬 많습니다. 각자 먹고 싶을 때, 먹고 싶은 것을 챙겨 먹거나, 배달음식을 시켜도 식탁보다는 주로 거실에서 펼쳐놓고 먹습니다.

그래도 욕심내서 좋은 식탁을 샀다면 실제로 밥을 제일

자주 먹는 공간에 두는 것이 정답입니다. 거실이어도 좋고, 서재여도 상관없습니다. 식탁을 가장 잘 활용할 수 있는 공간에 두었다면 잘한 것입니다. 주방에 억지로 욱여넣어 봐야 제대로 쓰지도 못하고 이런저런 잡동사니만 쌓일 게 뻔하니까요. 가장 자주 쓸 수 있는 곳에 두어야만 가구도 제 할 일, 제 역할을 다할 수 있습니다.

마찬가지로 집에서 가장 좋은 공간이 있다면, 가족이 함께할 수 있는 가구를 거기에 배치하는 것도 아주 중요한 팁입니다. 예를 들어 테라스 공간이나, 탁 트인 전망을 볼 수 있는 곳에 소파나 식탁을 두는 겁니다.

그런 의미에서 소파에 대한 고정관념도 깰 필요가 있습니다. 여러분은 요즘 TV를 더 많이 보나요, 유튜브를 더 많이 보나요? 어르신들은 아직도 온 가족이 거실에 둘러앉아 TV를 함께 보는 것에 익숙하겠지만, 요즘 아이들은 자기 방에서 유튜브나 넷플릭스로 보고 싶은 것을 찾아 보는 것에 더 익숙합니다. 예전에는 무조건 거실에 TV를 놓고, 반대편에 소파를 놓았습니다. 아파트 모델하우스부터 그런 배치니까 그래야 하나 보다 하고 생각했죠.

하지만 과감하게 소파를 치우고 거실 가운데 멋들어진 카페 테이블을 놓아보니 그것 또한 너무 괜찮았습니다. 음악을 좋아하는 사람은 소파 자리에 좋은 스피커를, 책을 많이 보는 사람은 책장을 놓아보세요. '소파와 물아일체'를 좋아하는 구성원이 있다면(주로 아빠) 방에 작은 소파와 TV를 넣어주는 것도 좋습니다. 소파가 차지하는 공간 혹은 소파로 인해 단절된 공간에 온 가족이 함께할 수 있게 해주는 가구를 두는 것도 좋다는 뜻입니다.

물론 가족들이 TV 보는 것을 좋아하고 많이 보는 집이라면 당연히 거실에 TV와 소파를 두는 것이 맞습니다. 무조건 남들이 안 하는 것, 특이한 시도를 해보라는 뜻이 아닙니다. 구성원의 삶에 초점을 맞춰 언제든지, 얼마든지 공간을 바꿔볼 수 있다는 점을 강조하려는 것입니다.

일찍 출근하는 사람이 있다면 아침 시간에 가족들 눈치 보지 않고 준비할 수 있게끔 동선을 만들어주는 것도 중요합니다. 마찬가지로 늦게 귀가하는 사람이 있다면 그 시간에 편히 쉴 수 있도록 해주어야 합니다. 엄마가 휴식을 취할 수 있는 시간대를 파악한다면 그 시간에 가족들의 방해를 받지 않을 수 있는 비밀스러운 공간을 만들어줄 수도 있습니다.

방을 사용하는 사람의 성향에 따라서 벽지나 바닥, 가구의 소재를 바꿔주는 것도 중요합니다. 취향을 전혀 고려하

공간 크리에이터의 체크리스트

- 몇 명의 가족과 함께 살고 있나요?
- 부부라면 맞벌이인가요?
- 가족 구성원은 각각 몇 살이고, 성별은 어떻게 나뉘나요?
- 주로 언제 나갔다가 언제 돌아오나요?
- 주말에는 무엇을 하나요?
- 하루 식사 횟수는 몇 번이고 먹는 장소는 어디인가요?
- 조만간 집을 나가거나 들어올 가족 구성원이 있나요?
- 자녀가 있다면 어떤 성향인가요? 내성적인가요, 외향적인가요?
- 특별히 예민한 구성원이 있다면 어떤 이유로 예민한가요? 따로 자신만의 공간을 만들어주어야 하나요?
- 새벽에 출근하거나 등교하는 사람이 있나요?
- 엄마의 휴식시간은 언제인가요?
- 취미 활동이 있다면 무엇인가요?
- 원하는 라이프스타일은 어떤 것인가요?

지 않고 여자아이는 무조건 분홍색, 남자아이는 온통 파란색으로 방을 꾸며주는 실수도 이제는 하지 않겠죠? 이렇게 공간에 역할을 부여하고, 사람에 맞춰 공간을 구성하는 방법에 대한 이야기는 뒤에서 좀 더 자세하게 다루도록 하겠습니다.

"그 방은 안 쓰는 방이야."

보통 집에는 일명 '창고방'이라고 불리는 방이 꼭 하나씩 있습니다. 멀쩡한 방이 대체 왜 자꾸 창고로 둔갑하는 걸까요? 물론 처음부터 그 방이 창고용으로 설계된 것은 아닐 것입니다. 이런 일은 대부분 공간에 잘못된 역할을 부여하기 때문에 발생합니다. 모든 공간에 알맞은 역할이 주어지면 좋겠지만 하나라두 역할을 잘못 부여받은 공간이 있다면 이 영향으로 다른 공간까지 역할을 잃게 되는 것입니다. 어떤 경우들이 여기에 해당되는지 살펴보겠습니다.

공간도, 물건도 쓰는 사람의
성장과 변화에 맞게

요즘 아파트에는 '알파룸'이 있습니다. 아파트 평면 설계상 남는 자투리 공간인데, 예전에는 주로 창고로 사용되었지만, 요즘은 서재, 놀이방, 침실 등 원하는 대로 얼마든지 바꿔서 사용합니다. 어떻게 사용하느냐에 따라서 활용도가 엄청나게 높아질 수 있는 공간인데, 대부분은 제대로 사용하지 못합니다. 옷이 어마어마하게 많은 집에서 알파룸을 카페처럼 쓴다든가, 책이 많은 집에서 알파룸을 홈트레이닝 공간으로 사용하는 식이죠. 심지어 그냥 물건들을 쟁여놓고 창고로 쓰는 경우도 있습니다.

부산의 한 의뢰인이 이런 경우였습니다. 50평대 아파트였는데, 어린 자녀가 있어서 복도쪽 방을 '놀이방'으로 만들어둔 상태였죠. 그런데 아직 아이가 어리다 보니 아이는 항상 엄마 주변에만 머물렀고, 예쁘게 꾸며놓은 놀이방은 항상 비어 있었습니다. 놀이방이라는 역할은 부여했지만 실제로는 아무도 활용하지 않는 창고방이 된 것이죠.
이 집을 어떻게 바꿔주면 좋을까 고민하다 보니 거실의 문제점이 눈에 들어왔습니다. 아이가 하루 종일 거실에서만

생활하다 보니 거실은 그야말로 늘 아수라장이었죠. 게다가 주방, 거실과 붙어 있는 알파룸은 옷방으로 사용되고 있었습니다. 심지어 알파룸은 삼면이 유리여서 안이 투명하게 들여다보이는 상황이었습니다. 거실과 붙어 있는 알파룸을 옷방으로 활용하면 아무리 깔끔하게 관리한다 해도 어수선해 보일 수밖에 없습니다.

저는 알파룸을 아이 놀이방으로 바꿨습니다. 동선을 생각하면 부모가 움직이는 주된 공간이 주방과 거실이었기 때문입니다. 알파룸을 놀이방으로 만들었더니 투명한 유리벽 덕분에 부모는 언제든 아이가 노는 모습을 확인할 수 있게 되었습니다. 집 전체에 어수선하게 펼쳐져 있던 아이 장난감, 책, 인형들이 알파룸으로 들어가니 거실도 한결 깔끔해졌습니다. 놀이방이라는 역할을 부여한 알파룸은 아무리 어질러져 있어도 어색하거나 지저분해 보이지 않습니다. 본래의 역할을 잘 수행하고 있는 공간이니까요. 알파룸을 놀이방으로 꾸몄더니 장난감, 아기용품들을 관리하기도 쉬워졌습니다. 아이 엄마는 직업이 대학교수였는데, 주방 식탁에서 공부하면서 아이가 노는 모습을 수시로 확인할 수 있다며 매우 만족스러워했습니다.

원래 '놀이방'이었던 공간은 어떻게 변신했을까요? 알파룸에 있던 옷들을 옮겨 제대로 된 드레스룸으로 만들어주었

Part 1　누구를 위한 집인가?

옷과 잡동사니가 쌓여 있던 알파룸을 아이들 놀이방으로 꾸몄다.
유리문 앞의 물건들을 치워 개방감이 들고, 아이들이 노는 것을 볼 수 있다.

습니다. 알파룸보다 공간이 넓었기 때문에 편집숍처럼 깔끔하게 수납하고 정리할 수 있었습니다. 또 현관과 이어지는 복도 쪽 방이었기 때문에 외출 전에 옷을 고르고 마지막 점검을 하기에도 편리한 동선이 만들어졌습니다. 모든 공간이 이제야 알맞은 역할을 부여받은 것이죠.

그런데 여기서 끝이 아닙니다. 제가 가장 강조하고 싶은 것은 이것입니다. 초등학교에 입학하기 전까지는 알파룸을 놀이방으로 쓰면 됩니다. 하지만 아이가 학교에 입학하고 고학년이 된 이후에도 계속 놀이방으로 유지하면 안 됩니다. 아이가 자라면 혼자만의 공간이 필요하고 놀이방이 아닌 공부방이 필요해지니까요. 공간의 역할도 쓰는 사람의 성장과 변화에 맞게 바뀌어야 합니다. 한번 정해졌다고 해서 완전히 고정되는 것이 아니라는 말입니다.

아이가 어느 정도 커서 혼자만의 방을 갖고 싶어 할 때가 되면 아이 방을 만들어주어야 합니다. 알파룸은 다시 용도를 바꿔야겠죠. 그때가 되면 이 가족에게 또 다른 어떤 변화가 생길지 모르지만, 공부방으로 꾸미는 것도 좋을 것 같습니다. 그렇지 않으면 알파룸은 또 다시 제2의 창고가 될 수 있습니다.

의미 없이 나열된 물건들이
거실을 창고로 만든다

이렇게 안 쓰는 방이 창고방이 될 수도 있지만, 방 안에 제 역할을 잃은 물건들이 너무 많이 쌓여서 창고방이 만들어지기도 합니다. 당장에 필요 없는 물건, 잘 안 쓰게 되는 물건, 예쁘지 않아서 밖에 내놓기 부끄러운 물건…. 이런 것들이 하나둘 쌓이다 보면 역할 없는 창고방이 완성되죠.

대부분 집이 크고, 남는 방이 있어야만 창고방이 만들어진다고 생각하는데, 작은 집에도 얼마든지 창고방이 생길 수 있습니다. 심지어 거실도 정리가 안 되면 창고처럼 보일 수 있습니다. 이런 경우는 앞의 사례와 반대로 지나치게 많은 물건을 거실에 내놓는 것이 특징입니다. 자주 쓰는 물건이든 안 쓰는 물건이든 무조건 눈앞에 보이도록 꺼내놓는 것입니다.

한번은 아이가 한 명인 맞벌이 부부의 집을 찾았습니다. 60평대 아파트로 세 가족이 살기에 꽤 크다 싶은 집이었습니다. 그런데 이 큰 집이 총체적으로 어수선했습니다. 가족이 적고 집이 크면 정리하기가 편할 것이라고 생각하는 분들이 많은데, 사실 그렇지도 않습니다. 오히려 집이 크면 무작정 물건과 가구들을 나열해서 꺼내두게 됩니다. 의미 없이 나열된 물건들은 역할도, 목적도 잃고 어수선함만 증폭시킵니다. 이 집을 재구성하기 위해 제일 먼저 해야 하는 일은 방마다 역할을 정해주는 것이었습니다. 그리고 거실에 쌓여 있던 물건들을 카테고리별로 분류해서 방에 넣어주었습니다. 창고처럼 답답했던 거실이 탁 트였습니다. 아이가 있는 집은 자잘한 아이 물건과 부피가 큰 장난감만 놀이방으로 옮겨도 집 전체가 확 달라지죠.

이렇듯 집의 창고화를 막기 위해서 가장 중요한 것은 언제나 공간에 알맞은 역할을 부여하는 것입니다. 그래야 사용하지 않는 공간도, 물건이 산처럼 쌓여 있는 공간도 없애는 것이 가능해집니다.

공간에 알맞은 역할을 정해주지 않으면
언제든 창고처럼 물건이 쌓인다.

아빠들이 일찍
오고 싶어 하는 집

집을 옮길 때 무엇을 가장 먼저 고려할까요? 보통은 아이들 학교, 엄마아빠 직장과 가까운지를 따지고, 주위에 마트, 산책로, 병원 등 편의시설이 있는지도 살핍니다. 아무래도 집에서 가장 오래 머무는 구성원 위주로 의사결정하게 됩니다. 집 안 공간을 구성하거나 바꿀 때도 아이들 위주, 엄마 위주인 경우가 많죠.

그런데 이게 너무 한쪽으로 치우치면 소외되는 사람이 생길 수 있습니다. 가족 모두가 집에서 충분히 만족스럽고 행복하려면 균형이 맞아야 합니다. 다시 말해, 가족 구성원 각자의 개인적인 공간이 적절하게 확보되어야 합니다. 그러나 대체로 집에는 아빠의 공간이라고 할 만한 곳이 없습니다. 왜 우리 집에는 아빠의 공간이 없는 걸까요?

일하는 엄마아빠에게
가장 중요한 건 휴식과 숙면

크게 2가지 이유를 꼽을 수 있습니다. 첫째, 집 안에 쓸데없는 물건이 너무 많아서 정작 가족들이 사용할 수 있는 공간이 좁기 때문입니다. 둘째, 집 안 공간이 지나치게 아이들 중심으로 구성되기 때문입니다. 그래서 교수님 집이라고 해도 엄마아빠 책은 어디 한 귀퉁이에 방치되고 아이들 책이 온 집 안을 뒤덮습니다. 장난감은 말하지 않아도 아시겠죠? 심지어 냉장고 안에 든 식재료, 음식조차도 아이들 것으로 가득 찹니다.

물론 아이가 너무 어리면 그 시기에는 부부가 모두 육아에 집중해야 합니다. 하지만 이런 상황이 지속되면 누구든 지치기 마련입니다. 특히 종일 바깥에서 일하고 돌아온 아빠의 경우에는 그 공간 자체에서 받는 스트레스가 상당할 것입니다. 워킹맘도 마찬가지일 테고요. 특히 아이가 어릴 때는 엄마아빠가 밤에 푹 자기가 정말 쉽지 않습니다.

이런 경우에 저는 방 하나를 비워 침실로 만들어줍니다. 부부가 꼭 한 방에서, 한 침대에서 자야 할 필요는 없습니다. 이 침대방은 온전히 숙면을 위한 용도로 엄마아빠가 번갈아 사용하라고 합니다. 맞벌이 부부라면 하루씩 돌아가면서 이 방을 사용해 수면의 질을 높이고, 아닌 경우에는 밖에서 일하는 사람이 이 방을 사용하면 됩니다. 그렇게 푹 자고 좋은 컨디션을 유지하면 낮에 일도 잘되고, 저녁에 돌아와서 아이와 놀아주는 시간도 더 길어질 것입니다.

효율성, 안락함을 높이는
아빠방 구성법

그렇다면 숙면을 위한 방으로 가장 적절한 위치는 어디일까요? 바로 현관에서 가장 가까운 방입니다. 다락이 있다면 그곳도 좋습니다. 앞에서도 얘기했지만 늦은 퇴근 후에 아이들과 엄마가 거실이나 침실에서 자고 있다면 집 안을 가로질러 돌아다니는 것이 굉장히 불편합니다. 어렵게 재운 아기가 깰까 봐 걱정도 되고요. 가족의 숙면을 위해서도 현관 앞의 방이 명당입니다. 아빠를 너무 홀대하는 것 아니냐고 물을 수도 있지만, 때론 작은 방이 더 안락하고 편안하게 느껴질 때도 있지 않은가요? 공간의 위치와 크기를 기준으로 역할을 부여할 필요는 전혀 없습니다. 언제나 물건보다 공간이 중요하고, 공간보다 사람이 중요합니다. 사용하는 사람이 편안하게 느낀다면 그 공간은 역할을 제대로 수행하고 있는 것입니다.

이렇게 아빠 방을 정했다면 거기에는 어떤 가구와 물건을 들여야 할까요? 일단 아빠 방에는 아빠 옷을 분리해서 수납해주면 좋습니다. 보통은 침실 장롱이나 붙박이장에 부부의 옷을 모두 모아두는데, 꼭 그럴 필요는 없습니다. 물론 그렇다고 해서 아빠 옷이 집 안 곳곳에 흩어져 있어도 된다는 뜻은 아닙니다. 옷을 따로 보관하더라도 각각의 영역이 명확해야 합니다.

그런데도 아빠 옷의 위치를 달리 하여 분리하는 이유는, 이 시기에 아이와 더 많은 시간을 보내는 사람의 옷이 아이 옷과 함께 보관되어 있어야 유지, 관리가 편하기 때문입니다. 요즘은 육아를 전담하는 아빠들도 많은데, 아이가 엄마보다 아빠와 더 많은 시간을 보낸다면 반대로 엄마 옷을 분리해주면 됩니다.

아빠가 요즘 자주 입고 다니는 옷, 속옷, 양말 정도를 수납할 수 있는 서랍장과 책상, 침대 하나 정도면 아빠 방이 완성됩니다. 거창하게 뭐가 많을 필요는 전혀 없습니다. 일상과 가장 밀접한 가구, 물건들만 넣는 것이 좋습니다. 특히 아이가 어릴수록, 저는 이렇게 아빠의 공간을 만들어 효율적으로 사용하라고 조언합니다. 그래야 멀쩡한 방이 창고로 전락하는 것을 막고, 가족들의 스트레스를 조금이라도 줄일 수 있습니다.

아이가 어릴수록 일하는 엄마아빠가
편하게 자고 쉴 수 있는 공간이 필요하다.

딱 1평도 좋다,
엄마가 마음 편히 쉴 곳

아빠의 공간보다 더 어려운 것이 바로 엄마의 공간입니다. 엄마들은 주로 집 안의 모든 공간을 사용하기 때문입니다. 그래서 방 하나를 통으로 엄마의 공간으로 만드는 것은 별로 좋은 해결책이 아닙니다. 또한 이 방법은 일반적인 크기의 집에서 살고 있는 가족에게는 조금 힘든 일일 수도 있습니다. 게다가 방을 따로 만들어준다고 해도 엄마가 잘 활용할 확률이 매우 낮죠. 그러나 앞에서도 말했던 것처럼 집에는 가족 각자의 공간이 골고루 분배되어야 합니다.

나만의 여유를 즐길 수 있다면
공간이 아니라 물건이어도 좋다

엄마들은 사실 공간이 아닌 몇 가지 물건으로도 자신만의 영역을 만들 수 있습니다. 편하고 좋은 의자를 사서 곳곳에 두어도 괜찮습니다. 주방에 가져가 커피 한 잔의 여유를 즐겨도 되고, 거실로 옮겨 TV를 봐도 됩니다. 엄마가 가장 편하다고 생각하는 공간이 분명히 있을 것입니다. 창가나 베란다에 둬도 되고, 침대 옆에 둬도 됩니다. 의자 옆에 놓을 작은 협탁을 마련해서 좋아하는 디퓨저, 향초, 책, 소품들로 꾸며도 좋습니다.

엄마의 공간에 대한 이야기를 하니 떠오르는 의뢰인이 있습니다. 의뢰인의 남편은 외국에 있었고, 혼자서 남자아이 둘을 키우고 있는 엄마였습니다. 그렇다 보니 온 집 안이 아이들 물건으로 가득 차 있었습니다. 집에 들어서자마자 느껴질 정도였습니다. '이분은 모든 에너지를 아이들에게 쏟아붓고 있구나' 싶었죠. 저는 일단 아이들 나이에 맞지 않는 책부터 버리고, 장난감도 차근차근 정리해나갔습니다. 어느 정도 비워지자 집은 훨씬 쾌적해졌지만 여전히 문제가 있었습니다. 집 안 어디를 둘러봐도 엄마 물건을 찾아볼 수가 없었던 것입니다. 엄마의 공간도 당연히 없었습니다.

그래서 저는 4인용 소파의 한쪽 끝에 협탁을 하나 놓고 그 위에 의뢰인이 좋아하는 블루투스 스피커를 예쁘게 올려 놓았습니다. 작지만 자신만의 공간이 생겼다는 사실만으로 의뢰인은 너무나 좋아했습니다. 이제야 숨 쉴 구멍이 생긴 것 같다며 눈물까지 흘리는 모습을 보며 저도 마음이 아팠습니다. 이렇게 육아로 바쁜 시기에는 특히나 엄마의 공간이 중요합니다. 아빠의 공간이 외부활동과 휴식을 위해 꼭 필요한 공간이었다면, 엄마의 공간은 엄마의 심리적 안정을 위해 꼭 필요한 공간입니다.

잠깐의 기쁨보다
오래 가는 행복감

한번은 20대 후반으로 보이는 젊은 엄마에게 의뢰를 받았습니다. 이제 막 100일 지난 아기를 돌보고 있다고 했습니다. 신혼집에 아기용품이 엄청난 속도로 늘어나면서 이것들을 다 어떻게 해야 할지 모르겠다는 고민이었습니다. 그런데 제가 가서 살펴보니 아기용품 문제가 아니었습니다. 이 집의 문제도 마찬가지로 엄마의 공간이 전혀 없다는 것이었습니다. 저는 일단 옷방에 있던 책상을 거실 베란다로 옮긴 후 엄마가 읽으면 좋을 육아서와 소설책을 놔주었습니다. 꽃이 피고 지는 바깥 풍경을 바라보며 잠시라도 혼자만의 시간을 보낼 수 있도록 한 것이죠.

엄마의 공간이라고 해서 무언가 거창한 걸 원하는 사람은 많지 않습니다. 소박하게나마 집 안에 나만의 공간이 있다는 것만으로도 엄마들은 큰 위로를 받습니다. 물론, 아이들이 좀 더 크면 엄마의 공간도 함께 커질 것입니다. 이때는 방 하나를 엄마의 서재나 취미생활 공간으로 만들 수도 있고, 요리를 좋아하는 사람이라면 주방에 변화를 줄 수도 있습니다.

아무래도 아이가 어릴 때는 엄마가 받는 스트레스가 클 수밖에 없습니다. 가방, 보석 같은 고가의 선물로 아내의 스트레스를 덜어주는 것도 좋지만, 가장 좋은 방법은 아내가 종일 머물러야 하는 공간 자체를 쾌적하고 편안하게 만들어주는 것입니다. 물건이 주는 행복감은 잠시일 뿐이지만 몰라보게 달라진 공간과 거기서 얻을 수 있는 안정감은 오래 지속되기 때문입니다. 엄마의 안정감은 곧 가족 전체의 정서적 안정과 행복의 튼튼한 기반이 됩니다.

창고로 쓰이던 공간의 잡동사니를 깔끔하게 정리하고
책을 읽거나 커피를 마실 수 있는 엄마의 공간으로 만들었다.

Part 1   누구를 위한 집인가?

안방의 자투리 공간, 테라스 공간에
엄마의 힐링 스팟을 만들었다.

"남자아이 셋 키웁니다."

아이 키우는 집만큼 정리하기 어렵고, 공간 재구성하기 어려운 집도 없습니다. 얼마 전 진행했던 아이 셋, 그것도 남자아이 셋을 키우는 집은 그야말로 아수라장이 따로 없었습니다. 그런데 이것은 전혀 이상한 일이 아니고 오히려 당연한 일입니다. 아이 1명 키우기도 힘든데 아이 셋을, 그것도 남자아이를 3명이나 키우면서 요리하고, 청소하고, 정리정돈에 홈 스타일링까지 신경 쓸 수 있는 사람이 과연 몇이나 있을까요? 아이 키우는 집은 완벽한 공간 구성이나 수납을 목표로 할 것이 아니라, 양육자의 피로도를 줄이고 아이들이 스스로 정리하고 관리할 방법을 찾는 것이 중요합니다.

아이가 있다면 '완벽한 정리정돈'보다 '놀이 공간 정해주기'가 먼저

아이 키우는 집의 포인트는 '수납에만 너무 집착하지 말라'는 것입니다. 아이가 있는 집은 어수선한 것이 당연합니다. 늘 어질러져 있을 수밖에 없습니다. 쌓아놓은 블록은 무너트려야 직성이 풀리는 게 아이들의 본성이고, 무엇이든 닥치는 대로 펼쳐놓고 어지르는 게 아이들의 놀이니까요. 수납에 지나치게 정성을 들이기보다는 아이들이 제대로 뛰어놀 수 있는 '공간'을 만들어주는 데 집중하는 것이 좋습니다.

아기 때는 주로 거실에서 지내지만 만 3세쯤이 되면 아이들에게도 방이 필요합니다. 아이들의 공간이 정해지면 아이들 물건은 그 공간에만 두어야 한다는 원칙을 세워야 합니다. 그 원칙을 지키는 정도로 충분합니다. 아이들에게 책장에 줄 맞춰서 책을 정리하라거나, 장난감을 정해진 칸에 딱딱 맞게 넣어두라고 요구하는 것은 부질없는 일일 뿐입니다. 불가능에 가깝거든요. 그렇게 타이트한 원칙을 세워놓고 지키게 하려면 부모님도 엄청나게 스트레스를 받습니다. 아이들에게 정리 습관을 만들어주는 데도 아무 도움이 안 되고요. 아이들은 제한된 공간을 마련해주고, 거기에 있어야 할 물건을 가져다 두는 훈련 정도로 충분합니다. 그것만으로도 정리의 기본을 숙지할 수 있습니다.

거실을 아이들 공간으로 만드는 것이 거실 전체를 혼란스럽고 어수선하게 만들지는 않을까 하고 걱정하는 부모님이 있습니다. 그러나 아이들이 어릴 때는 혼자 방에서 놀게 하면 위험할 수 있습니다. 부모님이 24시간 붙어서 살필 수 있는 게 아니기 때문입니다. 특히나 남자아이들은 더 그렇습니다. 이럴 때는 책장이나 놀이 매트를 사용해서 아이들이 사용하는 놀이 공간을 구분해주는 것이 좋습니다. 거실 전체가 아니라 일부로 공간을 한정한다는 의미입니다.

그리고 아이들 공간에 둘 가구는 색깔이 알록달록 화려한 것보다는 흰색이 좋습니다. 아이들 물건은 대부분 원색에 진한 색깔이기 때문에 가구까지 화려하면 아무리 열심히 정리해도 집 전체가 어수선해 보입니다. 책장은 흰 도화지, 아이들 물건은 그림이라고 생각하면 쉽습니다. 그리고 옆으로 뚫려 있는 책장은 되도록 사용하지 않는 게 좋습니다. 자칫 잘못하면 책이나 장난감이 옆으로 떨어질 수 있고 튼튼하지 않아서 앞으로 쏟아질 위험도 있기 때문입니다.

아이가 자라서 드디어 아이만의 방을 만들어줄 때가 되면 많은 부모님이 어떤 방을 아이 방으로 만들어야 할지 고민합니다. 아이 방은 안방과 가장 가까운 방이 좋습니다. 특히나 요즘은 외동아이들이 많은데, 외동아이일수록 부모님 방과 가까운 것이 좋습니다. 그래야 외로워하지 않고, 자기 방에 자주 들어가게 됩니다.

아이들 책은 '꺼내 보고' 싶도록
전면 책장에 표지가 보이게

장난감도 문제지만 아이들 책도 문제입니다. 집집마다 고가의 전집이 많은데, 100권도 넘는 전집류가 책장 전체에 빼곡이 꽂혀 있으면 부모님이 보기에는 참으로 흐뭇하고 좋으나 아이들은 쉽게 다가가지 못합니다. 이럴 때는 빼곡하게 꽂아놓기보다는 아이가 쉽게 잡고 볼 수 있도록 노출시켜주는 것이 좋습니다.

추천하는 방법은 표지가 보이도록 책을 꽂을 수 있는 전면 책장입니다. 전집은 특성상 똑같은 크기와 디자인의 책들을 다닥다닥 붙여 꽂아놓을 수밖에 없습니다. 그러면 아이들은 책을 '꺼내 볼' 생각을 못하고 늘 그 자리에 꽂혀 있는 책을 인테리어 장식처럼 여길 가능성이 큽니다. 그럴 때 전면 책장이 아주 유용합니다.

전면 책장을 활용하는 방법은 아주 간단합니다. 계절에

거실에 있던 아이들 물건을
놀이방으로 모두 옮기니 가족 모두의 거실이 만들어졌다.

Part 1　　누구를 위한 집인가?

집 안 곳곳에 흩어져 있던 아이들 장난감을 하나의 공간에 모았다.
아이들 놀이 공간은 다른 공간들과의 분리가 무엇보다 중요하다.

따라, 아이들 발달 수준에 따라 혹은 관심사의 변화에 따라 아이가 읽으면 좋을 것 같은 책들을 뽑아서 전면 책장에 꽂아두는 것입니다. 그때그때 아이들이 관심을 가질 만한 책의 표지가 잘 보이도록 노출시켜주면 아이들은 자연스럽게 흥미를 가질 수밖에 없습니다.

대부분의 집이 그렇습니다. 한쪽 벽을 가득 채울 만큼 커다란 책장에 책들이 너무 빽빽하게 꽂혀 있습니다. 어지간해서는 아이들이 책을 뽑아서 읽지 않습니다. 심지어 어떤 경우는 이사할 때 꽂아놓은 책이 다음번 이사할 때까지 한 번도 바깥에 나와보지 못하고 그 자리에 내내 있기도 합니다. 또 어떤 집은 아이들 키로는 도저히 꺼낼 수 없는 높이에 책을 꽂아둡니다. 그러면 부모님이 꺼내주지 않는 이상 책을 영영 꺼내 볼 수 없습니다. 보고 싶어도 볼 수가 없는 것이죠. 이 정도의 무관심은 부모님도 반성해야 합니다.

중요한 것은 아이들이 책장의 책을 가구라고 생각하지 않도록 해야 한다는 것입니다. 한 치의 빈틈도 없이 꽉꽉 차있어서 범접하기 어려운 가구가 아니라 내가 좋아하는 책을 쉽게 넣고 뺄 수 있고, 재미있는 장난감이 있으면 잘 보이도록 진열도 해놓을 수 있는 것으로 인식하게 해주어야 합니다. 책의 양을 줄여서 여유 공간을 두고 아이가 쓰도록 하는

아이의 연령, 발달 수준에 맞게 전면 책장을 잘 활용하면 아이가 자연스럽게 책에 흥미를 느끼게 된다.

것도 중요합니다. 책이 없는 책장에 아이들이 무엇을 채울까요? 어른들은 생각하지도 못한 기발한 방법을 스스로 생각해낼 것입니다. 또 자신만의 공간이라고 생각해 좋아하는 책이나 장난감을 자신이 좋아하는 구도로 진열하고 즐거워할 것입니다.

스스로 자기 공간을
정리하는 아이들

"대표님 댁은 어떻게 해놓고 사세요? 아이들도 정리정돈을 잘하나요?"

강의를 하거나 의뢰인을 만나면 자주 듣는 질문입니다. 저도 초등학생 남매를 키우는 워킹맘이라 '정리 잘하는 아이로 키우는 법'을 궁금해하시는 것 같습니다. 결론부터 말하자면, 정리 DNA는 분명히 존재합니다. 요리 DNA나 공부 DNA처럼 말이죠. 너저분한 것을 좋아하는 아이도, 못 참는 아이도 있듯이 타고나는 성향이 다른 것 같습니다.

그런데 한편으로는 환경적인 영향도 무시할 수 없습니다. 책이 많은 집에서 자란 아이들이 책과 더 가까이 지내거나, 어릴 때부터 맛있는 요리를 자주 먹어본 사람이 고급스러운 입맛을 가지고 요리를 더 잘하게 되는 것처럼 말이죠.

정리 DNA보다 더 중요한 것이 있다

그런데 한 가지 특이한 점이라면, 정리정돈을 너무 잘하는 부모님 슬하의 아이들이 오히려 정반대로 엇나가는(?) 경우가 있다는 것입니다. 정리 DNA가 다른 유전적 요인들과 확연하게 다른 점인 것 같습니다. 너무 깔끔하고 완벽하게 집안을 유지하려는 부모님들은 대체로 아이들에게 시키지 않고 본인들이 직접 집을 정리하곤 합니다. 주로 이런 분들은 정리가 완벽하게 잘 되어 있어야 편안함을 느끼는데, 아이가 어설프게 정리해놓은 것을 못 견디거나 아이가 느릿느릿 정리하는 것을 기다려주지 못합니다.

이런 부모님 밑에서 자란 아이들은 스스로 정리해볼 기회를 갖지 못하고, 그러다 보면 커서도 정리를 못하는 사람이 됩니다. 이번 장에서는 제가 아이들에게 어떻게 정리하는 습관을 만들어주었는지를 소개해보겠습니다. 이 방법이 무조건 정답이라고는 할 수 없겠지만 나름대로 효과를 본 것들이니 한 번쯤 시도해봐도 좋겠습니다.

정리습관 만들기의 첫 단계는 '모으기'입니다. 예를 들어, 저는 아이들에게 배달 쿠폰 모으기를 시켰습니다. 간단한 일이기 때문에 나이가 어려도 시도해볼 수 있습니다. 이 쿠폰이라는 것이 온 사방에 흩어져 있으면 절대 뭐 하나 공짜로 받을 수 없습니다. 쿠폰을 한 번 써보기도 전에 이사를 가고 말 것입니다. 특히 유치원생이나 초등 저학년 아이들은 이런 일에 굉장한 관심과 흥미를 갖습니다. 같은 물건을 한곳에 모으는 법을 알려줄 좋은 기회인 셈입니다.

다음은 따로따로 '분류하기'입니다. 하나의 공간에서 정리할 품목을 분리하는 연습도 중요합니다. 대체로 아이들 놀이방은 모든 종류의 장난감이 뒤죽박죽으로 섞여 있습니다. 처음에는 안 그랬다가도 시간이 갈수록 그렇게 됩니다. 아이가 어리다면 너무 잘게 분류하지는 말고, 2~3가지 정도의 카테고리로 품목을 나눠주세요. 장난감 상자 겉면에 '자동차', '인형', '악기', '게임', '만들기' 등 이름을 써서 붙여두면 좋은데, 글씨를 못 읽는 나이일 때는 색깔이나 그림으로 구분해주는 것도 좋습니다. 큰 카테고리가 정해지면 아이들이 놀이를 마친 후에 '정리하기'까지 놀이로 생각하게 됩니다.

대부분의 부모님은 '우리 아이는 정리를 못하는 아이'라고 단정합니다. 특별한 아이들 몇몇을 제외하고는 대부분이 정리정돈을 잘할 수가 없습니다. 그런데 이것 역시 부모님 시각과 아이 시각이 달라서 그럴 수 있습니다. 정리하기 쉬운 상황을 만들어주지 않아서 그럴 수 있습니다. 아이 입장에서 다 놀고 나서 정리를 하려고 해도, 장난감을 어디에 둬야 할지 모르는 경우가 많다는 것입니다. 미술용품은 미술용품끼리, 블록은 블록끼리, 보드게임은 보드게임끼리, 악기는 악기끼리 모아두고 자리를 지정해주는 것만으로도 아이는 정리 잘하는 어른으로 성장할 수 있습니다.

부모님의 대표적인 고민거리인 아이들 빨래 이야기도 해보겠습니다. 옷을 잔뜩 벗어놓고는 빨래통에 넣지 않는 아이들이 많죠. 아이들 방에 쌓여있는 옷가지를 보면 한숨부터 나오기 마련입니다. 이럴 때는 아이를 혼내기보다 빨래통 위치를 바꿔봅시다. 대부분의 집은 빨래통을 세탁기가 있는 다용도실에 두는데, 막상 누구도 빨래통에 옷을 넣지 않는다면 소용이 없습니다. 아이들이 편하게 빨래감을 넣을 수 있는 공간으로 빨래통을 옮겨주세요. 욕실 앞도 좋고, 아이들 방도 좋습니다. 물건은 관습적으로 정해진 위치가 아니라 사용하기 편한 위치에 두어야 합니다. 아이들 물건은 더더욱 그렇습니다. 이렇게 해줘야 아이들이 좀 더 편하게 정리를 습관화할 수 있습니다.

부모든, 자녀든 서로서로 정리를 잘하면 좋습니다. 그런데 이때 가장 기본적인 전제는 '집안일은 가족 모두가 나눠서 해야 하는 것'임을 잊어서는 안 됩니다. 사소한 일이라도 엄마나 아빠가 혼자 감당할 것이 아니라 가족 모두가 나눠서 해야 한다는 것을 어릴 때부터 알려주세요. 어릴 때부터 소소한 집안일을 함께 하는 것이 습관이 되도록 가르쳐야 합니다. 환경적으로 정리를 잘할 수 있도록 만들어주는 것 역시 부모의 몫입니다.

스스로 공부하게 만들려면
공부 성향에 맞게 공간 구성

이번에는 조금 큰 아이들 이야기를 해보겠습니다. 중고생을 둔 부모님은 단순한 물건 정리법보다 공부방에 대한 걱정이 큽니다. 아이들이 공부방에 스스로 들어가도록 하려면 어떻게 해야 할까요? 가장 먼저 고민해야 하는 것은 바로 그 공부방이 자녀의 성향과 잘 맞는가 하는 것입니다.

아이마다 공부하는 성향도 다 다릅니다. 폐쇄된 공간에서 혼자 조용하게 공부하는 것을 좋아하는 아이가 있는 반면에 탁 트인 공간에서 약간의 백색소음과 함께 공부하는 것을 좋아하는 아이도 있습니다.

예전에는 공부방 벽지 색을 이 색으로 해야 좋다, 저 색으로 해야 좋다, 조명은 이 정도 조도가 적당하다, 심지어는

온도와 습도까지 가이드라인을 정해서 '공부 잘되는 방'의 조건을 이야기하는 사람들도 있었습니다. 그러나 아이 공부방을 만들 때도 마찬가지로 공간보다는 아이의 성향이 더 중요합니다. 게다가 요즘 아이들은 공부하는 방식도 달라졌습니다. 노트북이나 패드 같은 기기도 필수로 사용하고, 온라인 동영상 강의도 많이 듣습니다. 부모님 세대와 완전히 다른 방식이죠.

혼자 조용하게 공부하는 것이 좋은 아이의 경우, 공부방 책상을 최대한 문 옆의 벽쪽으로 붙여주는 것이 좋습니다. 문을 열어놓아도 밖이 잘 보이지 않는 쪽이죠. 그러나 학년이 올라가고 공부 시간이 늘어나면서 이런 공간이 답답하게 느껴질 수도 있습니다. 이럴 때는 언제든지 책상을 벽에서 떼서 방 가운데로 옮길 수 있도록 가벼운 간이 책상을 하나 더 마련해주는 것도 좋습니다. 책상 한 면을 벽에 붙여 막아두는 것보다는 트이게 하는 것이 덜 답답합니다. 그리고 과외 선생님이 오셔서 함께 공부한다면 이런 구성이 훨씬 편하겠죠.

반면에 트인 공간에서 공부하는 걸 좋아하는 아이는 따로 공부방을 만들어주기보다는 거실에 폭이 좁고 긴 테이블을 하나 두면 좋습니다. 언제든지 엄마아빠와 함께 공부할 수 있도록 해주는 것이죠. 물론 책장도 함께 두는 것이 좋고요. 친구들을 불러서 함께 공부할 때도 이런 공간이 유용하게 쓰입니다. 보통 초등 저학년까지는 아무래도 부모가 챙겨주어야 할 것이 많기 때문에, 실제로 공부방에 함께 들어가서 하기보다는 거실 테이블이나 식탁에서 공부하는 경우가 많습니다.

혼자 사는 사람에게도
로망은 있다

요즘 1인 가구가 굉장히 많습니다. 전체 가구의 30%에 육박한다는 통계자료도 있죠. 1인 가구라고 하면 대학생 자취방이나 직장 초년생의 원룸 등을 먼저 떠올리는데 요즘은 혼자서도 넓은 공간에서 잘해놓고 살고 싶어 하는 분들이 꽤 많습니다. 딸린 식구도 없고 짐도 적으니 하고 싶은 대로 하고 사는 게 크게 어렵지 않을 거라고 생각하는 분들도 있지만 의외로 그렇지 않습니다. 제가 보기에 1인 가구의 대표적인 문제는 공간 배치에 대한 고정관념을 깨지 못해서 불편한 것을 불편한 줄도 모르고 사는 것입니다. 그렇다면 집 안의 모든 공간을 혼자 사용할 수 있는 1인 가구는 어떤 식으로 공간을 구성할 수 있을까요?

먹고, 자고, 놀고, 쉬고
모든 일을 거실에서?

먼저 1인 가구의 생활패턴을 파악해야 합니다. 혼자 사는 사람들은 방에 잘 들어가지 않는 경우가 많습니다. 대부분의 시간을 거실에서 보냅니다. 그래서 시간이 흐를수록 원룸에 사는 사람의 생활패턴과 비슷해지는 것입니다. 원룸은 공간이 좁으니 어쩔 수 없이 한 공간에서 생활하는 것이지만 엄연히 침실과 거실이 분리되어 있는 집도 원룸처럼 활용하는 사람이 많다는 것은 조금 다른 의미로 해석할 수 있습니다. 이런 1인 가구의 생활패턴은 공간을 구성할 때 필수적으로 고려해야 합니다.

1인 가구의 특징을 고려해서 가장 먼저 바꿀 수 있는 것은 침대를 방에서 꺼내는 것입니다. 굳이 방 안에 옷과 함께 침대를 들여놓을 필요가 없는 것이죠. 특히나 혼자 사는 미혼들은 옷이 많은데, 침실로 사용하려 했던 방에 옷을 모두 들여놓으면 깔끔해집니다. 문을 닫아두면 나만의 드레스룸이 되는 것이죠. 주방의 음식 냄새가 배지 않으니까 옷을 더 깨끗하고 쾌적하게 보관할 수 있어서 일석이조입니다.

이렇게 거실을 침실처럼 사용하더라도 전혀 이상할 것

이 없습니다. 주방도 마찬가지입니다. 안 그래도 작은 주방에 식탁까지 둘 필요 없이 거실에 작은 앉은뱅이 테이블을 두거나 아예 없어도 좋습니다. 아일랜드 식탁만 잘 활용해도 1인 가구는 충분합니다.

게임을 좋아하거나 컴퓨터를 자주 쓰는 사람은 컴퓨터를 거실에 두면 좋습니다. 이런 경우에 컴퓨터를 방에 넣어놓으면 넓은 거실은 그냥 놔두고 온종일 좁은 방에만 틀어박혀 있을 가능성이 높기 때문입니다. 그 외에도 다른 취미생활을 즐긴다면, 가능한 한 거실에서 그 활동을 할 수 있도록 공간을 구성하는 것이 좋습니다. 1인 가구라면 '거실'을 잘 활용하는 것이 가장 중요합니다.

가구도 재구성이 가능하다

그렇다면 1인 가구가 장만해야 하는 가구에는 어떤 것이 있을까요? 1인 가구는 필요한 가구도 조금 다릅니다. 대표적으로 1인 가구는 식탁보다 수납장이 필요합니다. 그러나 대부분의 싱글족들이 식탁만 사지 주방 수납장은 사지 않습니다. 아무리 1인 가구라도 전자레인지와 밥솥은 기본적으로 가지고 있는데 말이죠. 이 제품들을 보관할 곳이 없으면 주

거실에 반드시 소파와 TV를 놓아야 한다는 것도 고정관념이다.
책을 좋아하는 사람은 거실을 서재처럼 꾸미면 좋다.

방은 금방 어수선해집니다. 좁은 식탁이나 싱크대 위에 가전제품을 올려놓고 쓰는 경우가 많기 때문입니다. 그래서 제가 추천하고 싶은 아이템은 식탁 대신 주방 수납장입니다. 게다가 혼자 살게 되면 식탁에서 밥을 먹는 경우가 드뭅니다. 식탁보다는 전자레인지, 밥솥, 커피머신 등을 수납할 수 있는 수납장이 더 필요합니다. 위에는 주방기기를 수납하고, 아래에는 라면이나 쌀 같은 식품을 보관하면 실용적이죠. 식탁 대신 접이식 테이블을 사는 것도 좋습니다.

현관 신발장 옆에 아기자기한 미니 선반을 두고 필요한 물건들을 보관하는 것도 좋은 방법입니다. 혼자 살면 집을 나서기 직전에 깜빡한 물건이 있어도 가져다줄 사람이 없습니다. 집에서 나가기 직전에 필요한 물건들을 다 챙겼는지 점검해볼 수 있게끔 자동차 키, 지갑, 최근에 꼭 필요한 마스크와 손 소독제까지 놓아두면 좋습니다. 한 가지 더 팁을 드리자면, 미니 선반 옆에 작은 바구니를 놓고 세탁한 양말을 넣어두는 것도 추천하는 방법입니다. 신발을 미처 고르지 못하고 현관에 나갔을 때 신발에 맞춰서 양말을 바로 골라 신을 수 있다는 장점이 있습니다.

이제 막 사회생활을 시작한 의뢰인의 집을 컨설팅해준 기억이 떠오릅니다. 의뢰인은 1인 가구였는데 가구가 침대

하나밖에 없다며 거의 모든 가구를 새로 장만해야 할 것 같다고 말했습니다. 그런데 제가 의뢰인을 만나서 생활패턴을 관찰해보니 새로 가구를 장만해야 할 이유가 별로 없어 보였습니다. 기존의 침대로 이것저것 리폼을 시도해 3개의 새 가구를 만들었습니다. 침대 헤드는 다용도 테이블로, 침대 하부 수납장은 거실장으로, 침대 매트리스는 소파베드로 재탄생했습니다. 결국에는 침대만 다시 사면 되는 집으로 변신했습니다.

요즘은 가구부터 소품까지 필요한 것을 언제 어디서나 손쉽게 검색해 찾아내고 구입할 수 있습니다. 그러나 무작정 새것부터 사기 전에 기존에 가지고 있던 것을 어떻게 다르게 쓸지 고민해보는 것은 어떨까요? 그렇게 하면 돈도 아낄 수 있지만 쓰던 가구에 더 애착이 갑니다. 이 의뢰인도 그렇게 3~4년을 살다가 더 좋은 집으로 이사 가면서 그때 가구들을 다 버리고 정말 좋은 새 가구들을 샀다고 합니다. 어려울 때 비싼 새 가구들을 많이 사두면 이사할 때마다 그 가구들을 끌고 다녀야 하는 것도 문제입니다. 특히나 사회초년생이 많은 1인 가구의 경우, 새 물건 먼저 사려는 생각을 버리고 지금 있는 것들을 잘 활용해 보면 좋겠습니다. 아주 의미 있는 시도가 될 것입니다.

Part 1   누구를 위한 집인가?

왼쪽 페이지의 침대를 분해해 헤드는 다용도 테이블로(아래),
서랍장은 TV 받침대로, 메트리스는 소파로(위) 활용했다.

Tip
집의 첫인상, 편안하면서도 단정한 거실의 비밀

- **거실 주 조명과 부 조명을 구분한다**
  주 조명은 LED처럼 밝은 조명으로, 부 조명은 주백색이나 전구색처럼 은은한 조명으로 선택하면 사용 목적에 따라 분위기를 달리할 수 있다.

- **좁은 공간은 틈새 선반으로 수납**
  침대와 벽면 사이, 다용도실 세탁기 옆, 큰 가구들 사이 자투리 공간에 틈새 선반을 두면 여러 가지 물건을 수납하며 유용하게 활용할 수 있다.

- **가구 아래 청소는 청소포 밀대로**
  가구 아래를 청소할 때는 청소기보다 정전기 청소포 밀대가 유용하다. 최근에는 걸레를 달아 사용하는 스프레이 청소포 밀대도 시중에 많이 나와 있다.

- **러그는 물세탁이 가능한지 꼭 확인**

    러그는 물세탁을 할 수 있어야 관리하기가 편하다. 생각보다 먼지도 많이 나오고 엄청나게 더러워지기 때문이다. 사용하지 않는 시기에 말아서, 혹은 개어서 보관할 수 있는지도 확인해야 한다. 반려견 전용 매트도 청소가 쉬운지를 따져보고, 소음방지 기능이 있는지도 살피면 좋다.

- **시계, 액자를 거는 가장 좋은 높이와 위치는?**

    시계는 방문의 윗선과 같은 높이에 맞춰서 다는 것이 좋다. 위치도 문 옆이 가장 적절하다. 문이 없는 거실에서는 조명 스위치 위에 거는 것이 좋다. 액자는 문이 열려있을 때 보이는 벽면의 정중앙에 달면 안정감을 준다. 너무 높이 걸기보다 시선 높이에 맞춰 거는 것이 좋다.

- **커튼으로 할까, 블라인드로 할까?**

    커튼이냐, 블라인드냐가 고민될 때는 누가, 언제, 어떻게 쓰느냐를 먼저 살펴야 한다. 거실에서 잠을 자거나 휴식을 취하는 시간이 길다면, 햇빛이 잘 차단되는 두툼한 커튼을 다는 것이 좋다. 반면 거실에서 독서나 공부를 많이 한다면, 햇빛의 양을 조절할 수 있는 블라인드를 다는 것이 좋다.

Part 2

무조건 버린다고 '미니멀라이프'는 아니다

버리는 게 능사가 아니건만

'미니멀라이프'도 좋지만, '미니멀'보다 '라이프'가 먼저

　방송이나 잡지, SNS에 나오는 집들은 어쩜 그렇게 하나같이 멋질까요? 그런 집들은 세트로 맞춰진 가구부터 벽지, 천장, 바닥의 조화도 완벽하고 소품들도 근사합니다. 무엇보다 눈에 띄는 차이점은, 이런 집들은 일단 공간이 넓고, 자잘한 잡동사니가 거의 없다는 것입니다.
　그러나 일상을 사는 우리의 모습은 그렇지 않죠. 일반적인 가정집은 절대 그렇게 해놓고는 살 수가 없습니다. 아이라도 있다면 더더욱 그렇죠. 퇴근 후에 지친 몸을 소파에 누이면 옆에 테이블도 있어야 하고, 테이블 위에는 리모컨도 있어야 합니다. 어제 보다 만 책도 잘 보이는 자리에 있어야 하고, 출출할 때 집어먹을 간식거리도 손 닿는 곳에 있어야죠. 단순한 삶, 궁극의 미니멀리스트…, 다 좋습니다. 하지만 그냥 생각 없이 '미니멀라이프' 인테리어를 따라 하느라 일상생활을 불편하게 만들어서는 안 되지 않을까요? 1부에서 공간을 쓰는 사람 이야기를 했다면, 2부에서는 공간을 채우는 물건 이야기를 해보겠습니다. 앞에서 사람에 맞게 공간에 콘셉트를 부여하고 라이프스타일에 맞게 공간을 사용하자고 이야기했습니다. 그렇다면 또 다른 주인공인 물건은 어떻게 해야 할까요? 물건에 관해서도 깨야 할 고정관념이 꽤 많습니다. 이제부터 일상의 불편을 참지 않으면서도 미니멀하게, 누구나 쉽게 정리정돈을 할 수 있는 팁, 단정한 공간을 만드는 가구 배치법과 물건 수납법을 알아보겠습니다.

버릴 것인가, 말 것인가?
물건과 이별하는 데도 예의가 필요하다

앞에서 물건을 '과감하게 잘 버리는' 방법을 잠깐 소개했습니다. 오랫동안 함께 지낸 고마운 물건들과 헤어지는 데도 예의가 필요합니다. 소중한 추억이 깃들어 있고, 과거 어느 시점의 우리 자신 혹은 우리 가족과 헤어지는 일이기도 하니까요. '미니멀라이프'라고 하면 다들 '일단 싹 다 갖다버리자!'라고 먼저 생각합니다. 그런데 잘못하면 필요한 것까지 다 버려서, 또 사서 채우고 다시 엉망이 되고 맙니다.

인생관을 바꿔 미니멀리즘을 실천하겠다고 결심했더라도 무턱대고 다 버리는 대신 현명하게 버리는 방법을 찾아야 합니다. '2년 동안 사용하지 않은 물건은 버려라', '설레지 않으면 버려도 좋다', '컵과 수저는 식구 수만큼만 남겨라' 등의 조언도 있습니다만, 제 생각에는 남이 정해준 딱딱하고 이론적인 기준보다는 자신에게 맞는 방식을 찾는 게 좋을 것 같습니다. 도저히 버리고 싶지 않은 물건까지 울며불며 버릴 필요는 없으니까요.

앞에서 소개했듯이 정리하고 싶은 카테고리의 물건을 몽땅 꺼내어 한곳에 모읍니다. 책이면 책, 옷이면 옷, 전부 다 한눈에 보여야 합니다. 일단 다 꺼내서 펼쳐보고 전체를 파악합니다. 전체가 파악되면 우선순위가 매겨집니다. 우선순위가 생기면 다음은 어렵지 않습니다. 그동안 우리가 이 많은 물건을 버리지 못했던 이유는, 이것이 집에 하나밖에 없다고 생각했기 때문입니다.

그런데 여기서 중요한 것이 있습니다. 같은 물건이 10개 있다고 칩시다. 집이 넓어서 10개를 다 수납할 수 있다면 버리지 않아도 됩니다. 아니면 이런 경우도 있습니다. 10개를

다 꺼내놓았는데, 아무리 봐도 버리고 싶은 게 하나도 없다면 그냥 10개를 다 보관하면 됩니다. 모두 다 나에게 소중한 것들이니까요. 오랫동안 꺼내 보지 않았고, 사용하지 않았던 물건이라도 소장하고 싶은 건 가지고 있어야 합니다. 절대 '버리기를 위한 버리기'는 하지 마시라는 것입니다.

가지고 있는 물건을 먼저 파악하고 한정된 공간 안에서 보관할 물건과 버릴 물건을 구분하는 것, 그게 바로 삶을 우선시하는 미니멀리즘 아닐까요? 무작정 많이 버리고 적게 가지는 것이 아니라, 불필요한 것을 덜어내고 좋아하는 것 위주로 편안하게 내 공간을 채우는 것, 비우기의 기준 역시 사람과 공간이 먼저입니다.

나를 이해해야
진정한 미니멀리즘도 가능하다

분별없이 물건을 처분하고 나면 꼭 후회하게 됩니다. 그런데 그 '분별없는' 이별은 주로 자기 자신을 잘 모르는 경우에 하게 됩니다. 스스로에 대해 예민한 사람들은 물건도 라이프스타일에 맞게 보유하고 정리합니다. 나에게 무엇이 우선인지, 내가 무엇을 좋아하는지, 내 상황은 어떠한지를 잘 알면 물건도 알맞게 갖춰지는 것이죠.

예를 들어, 집이 20평인 사람과 100평인 사람이 세 식구라고 해서 똑같이 컵 3개로 지낼 필요는 없는 것 아닐까요? 혼자 살아도 친구들을 불러모아 파티하길 좋아하는 사람과 그렇지 않은 사람이 똑같은 개수의 수저를 가지고 살아야 할 이유도 없습니다. 나에게 의미 있고 소중한 물건이라면, 그 물건을 위한 공간을 마련해주면 됩니다.

한번은 이런 의뢰가 들어왔습니다. 홈베이킹이 취미라는 전업주부였습니다. 처음에는 간이 안 좋은 남편과 아토피가 심한 아이들 때문에 집에서 건강한 재료로 빵을 만들기 시작했는데, 하다 보니 재능을 발견하고 어느새 창업까지 꿈꾸게 된 것입니다. 그런데 베이킹을 해보신 분들은 아시겠지만, 하다 보면 베이킹 용품이 어마어마하게 늘어납니다. 오븐이나 반죽기계는 물론이고, 식빵틀, 머핀틀 등 종류별로 필요한 것이 엄청 많거든요. 용품이 계속 늘어나다 보니 정리가 안 되고, 급기야 집 전체가 어수선해져서 갈등이 생기기 시작했습니다. 가족들 눈치를 보면서 베이킹을 하다 보니 용품들이 제자리를 못 찾고 여기 저기 놓이게 된 것입니다.

그래서 저는 아예 방 한 칸을 베이킹 작업실로 만들었습니다. 집 안 곳곳에 방치되었던 베이킹 도구들을 모아서 방 하나에 넣어놓은 것입니다. 평소 창고나 팬트리에 보관하던 생필품과 주방용품들까지 거기에 같이 수납했더니 집이 더 넓어지고 깔끔해졌습니다. 당연히 가족들의 불만도 줄어들었죠. 덧붙여 이 일을 계기로 용기를 얻게 된 의뢰인은 지금 베이커리 창업을 준비 중이라고 합니다. 이런 것이 진정한 의미의 '미니멀라이프' 아닐까요? 좋아하는 일과 자신의 인생에 집중하기 위해 물건을 정리하고 공간을 만드는 것, '미니멀'도 좋지만, '라이프'에 집중하는 삶은 더 아름답습니다.

식물을 좋아하는 사람도 마찬가지입니다. 미니멀리즘 따라 한다고 멀쩡한 화분을 억지로 버리거나 줄일 필요가 없습니다. 대신 화분이 많은 집에서 알아두면 좋을 만한 팁이 있습니다. 확장공사를 하지 않은 아파트라면 당연히 베란다에 화분들을 놓고 키울 것입니다. 그런데 베란다를 유심히 관찰해보면 거실 쪽 베란다가 방 쪽 베란다보다 약간 높다는 것을 확인할 수 있을 것입니다. 이런 구조로 되어 있는 집이라면, 화분을 방 쪽 베란다에 놓고 키우는 것이 좋습니다. 그렇게 해야 물 주기도, 청소하기도 편합니다. 화분에서 나온 물이 잘 빠지기 때문이죠.

물론 매일 부지런히 관리할 수 있다면 거실 쪽 베란다에

베이킹이 취미인 의뢰인에게 취미공간을 따로 마련해주었더니
'좋아하는 일'에 더욱 집중해 창업까지 준비하게 되었다고 한다.

베란다의 단차를 확인하고
더 낮은 쪽에 화분을 두어야 관리하기가 편하다.

서 키워도 괜찮습니다. 물이 빠지기를 기다렸다가 곧바로 닦아줄 수 있다면 문제가 없을 것입니다. 그렇지 않다면 평소에는 방 쪽 베란다에서 화분을 키우고, 마음에 드는 예쁜 식물 1~2가지만 잘 보이는 곳에 잠깐씩 꺼내두는 것이 훨씬 좋은 방법입니다.

Part 2   버리는 게 능사가 아니건만

상패를 보관하는
가장 힙한 방법

제가 여러 의뢰인을 만나고 실제로 집에 방문해서 느끼는 가장 안타까운 점은, 정말 많은 집의 가구 배치와 인테리어가 지나치게 관습적이라는 사실입니다. 살고 있는 사람의 성향을 전혀 고려하지 않고 어딘가에서 접한 '예쁜 집'의 모습을 기계적으로 답습하는 경우가 많았습니다. 그러다 보면 왠지 모르게 어수선하고 불편한 집이 될 수밖에 없습니다.

여러분은 상패나 상장을 어떻게 보관하시나요? 멋들어진 진열장에 보관하는 경우도 있지만, 대부분은 케이스에 담은 채로 그냥 쌓아두는 경우가 많을 것입니다. 어떤 상이든 영광스러운 과거의 기록인데 꺼내 보지도 못하게 창고에 쌓아두니 '상'이 아니라 '짐'이 되어버리고 맙니다.

저는 상패를 보관할 공간이 마땅치 않은 분들에게 사진으로 보관하시라고 조언합니다. 장식장을 새로 들이거나 거창한 보관함을 따로 살 필요도 없습니다. 1~2개라면 모를까 수십 개도 넘는 상패를 가졌다면 사진으로 찍어서 보관하는 방법을 추천합니다. 과거의 화려한 이력을 가장 가까이에서 쉽고 편하게 꺼내 볼 수 있습니다. 사진이 많아지면 앨범 하나를 포토북으로 만들어 책장에 꽂아놓을 수도 있습니다.

제자리를 찾지 못해 짐처럼 놓여있던
상패와 트로피를 정리하자 쾌적한 공간이 되었다.

Part 2   버리는 게 능사가 아니건만

상패와 트로피는 상자째 창고에 넣어두기보다
사진으로 찍어서 포토북으로 만들어 보관하면 더 자주 꺼내 볼 수 있다.
아이들 사진도 냉장고에 붙이기보다 포토북으로 만들어 보관하는 것이 좋다.

아무리 그래도 어떻게 다 버리느냐고 반문하는 분들이 많습니다. 물론 상패나 상장을 모두 버리는 것은 어려운 일입니다. 이럴 때는 케이스만 버려도 훨씬 깔끔해집니다. 케이스를 버리고 먼지가 쌓이지 않도록 유리장 안에 크기별로 잘 보이게 진열하는 것이 좋습니다.

'신박한 정리'를 촬영할 때 배우이자 가수이신 의뢰인의 댁을 방문한 적이 있습니다. 이때도 비슷한 고민을 했었죠. 오랜 연예계 생활 만큼이나 많은 수의 트로피와 팬들로부터 받은 사진, 선물들이 있었습니다. 자유로운 아티스트인 집주인과 가장 어울리는 방식의 진열 방법이 무엇일까 고민한 끝에 생각해낸 것이 바로 '아지트'였습니다. 거창한 트로피 보관용 장이나, 시선을 강탈하듯 차지한 넓은 자리 대신 다락방에 자유롭게 놓인 트로피들을 보고 의뢰인도 만감이 교차한 것 같았습니다. 고정관념을 깬 배치, 힙한 주인다운 배치였던 셈이죠.

악기도 꼭 케이스에 넣어서 보관할 필요는 없습니다. 너무 비싸고 특별히 관리가 까다로운 것이 아니라면, 케이스에서 꺼내어 잘 보이는 곳에 보관하는 것도 좋은 방법입니다. 악기 자체가 훌륭한 인테리어가 될 뿐만 아니라 눈에 잘 띄면 연주도 더 자주 하게 되니까요. 무엇이든 물건을 상자째로 보관해야 한다는 것도 일종의 고정관념 아닐까요?

"여기 왼손잡이 가족분 있나요?"

앞에서도 말했지만, 생각보다 많은 분들이 불편한 것을 그냥 참고 살거나, 불편한 줄 모르고 삽니다. 제가 만난 의뢰인 중에도 꽤 많았습니다. 공간도 그렇지만 가구나 물건도 조금만 바꾸면 굉장히 편리해지는데, 저는 그런 모습을 볼 때마다 참 안타깝습니다. 이런 상황은 주로 이사 후에 정리를 제대로 하지 못해서 발생합니다. 정신없이 이삿짐을 나르다 보면 가구나 소품이 사용하기 불편한 위치나 상태로 배치될 수 있습니다. 그런데 이런 배치를 이사가 끝난 후에도 유지하면서 '아, 이건 원래 이렇게 썼나 보다' 하며 그대로 사용하는 것입니다.

잘못된 위치, 잘못된 방향만 바로잡아도 쓰임과 효율이 완전히 달라진다

대부분 주방 싱크대에 식기건조대를 놓고 쓰실 것입니다. 설거지를 주로 하는 사람이 오른손잡이라면, 식기건조대는 오른쪽에 두어야 합니다. 너무 당연한 얘기지요. 그릇을 깨끗이 헹구고 나면 오른손으로 건조대에 올려놓는 게 움직임이 편하니까요. 그런데 이사할 때 건조대를 왼쪽이 놓아두었다면 어떻게 될까요? 아무 생각 없이 계속 그렇게 씁니다. 불편한 구조를 방치하는 것이죠. 새 공간으로 옮겨왔다면 물건도 내가 쓰기 편한 방식으로 다시 배치해줘야 합니다. 그저 왼쪽에 있던 건조대를 오른쪽으로 옮기기만 했을 뿐인데도 불편함이 완벽하게 사라집니다. 사소한 변화라고 생각할 수도 있지만 식기건조대가 잘못된 위치에 놓여서 겪는 불편은 생각보다 큽니다.

옷장이나 행거에 옷을 걸 때도 마찬가지입니다. 오른손잡이는 보통 오른손으로 옷걸이를 잡고 옷을 걸죠. 그렇게 되면 옷의 앞면이 왼쪽을 향합니다. 그런데 의외로 많은 사람이 옷의 방향을 모두 다르게 겁니다. 이렇게 앞뒤가 뒤죽박죽 엉키게 옷을 보관하면 서로 눌리고 접혀서 옷이 상할 수 있습니다. 아침에 급하게 옷을 찾아 입을 때도 불편하죠.

이때 옷을 거는 방향, 즉 옷걸이의 방향만 통일해주어도 훨씬 수월하게 옷을 관리할 수 있습니다.

아이들 책상도 마찬가지입니다. 책상 위의 연필꽂이와 스탠드는 어디에 있어야 할까요? 오른손잡이 아이라면 연필꽂이와 책꽂이는 오른쪽에 스탠드는 왼쪽에 있어야 합니다. 잡기 편한 위치에 물건이 있어야 공부도 자연스럽게 물 흐르듯 할 수 있겠죠. 특히 아이들은 물건의 위치를 아직 스스로 고민하거나 바꾸지 못하기 때문에 처음 자리 잡은 모양 그대로 사용합니다. 부모님이 유심히 관찰하고 챙겨주지 않으면 그냥 그대로 불편하게 지낼 수 있습니다. 책상 아래 놓이는 서랍장도 오른손잡이라면 오른쪽에 두고 쓰는 것이 좋습니다.

신발장도 불편한 것이 있다면 그대로 쓸 것이 아니라 바꿔보면 좋습니다. 보통 빌트인으로 되어 있는 신발장 안에는 우산꽂이가 있습니다. 실용성이 떨어져서 사용하지 않는 집이 많죠. 이런 경우에는 그냥 신발장 밖에 둥근 모양의 통을 놓고 우산꽂이로 사용하면 좋습니다. 안에 고정되어 있던 우산꽂이를 떼어내고 그 자리에 부츠나 장화를 보관하면 일석이조입니다. 저는 종종 신발장 문의 방향을 바꿔 불편을 해결하기도 합니다.

마지막으로 조금 더 적극적인 방법입니다. 웬만한 가정에서는 잘 안 쓰는 방법인데, 가구에 직접 구멍을 뚫는 것입니다. 보통 테이블이나 식탁, 서랍장 같은 가구 위에는 전자 제품을 올려놓고 쓰는데, 멀티탭으로 여러 개를 연결해서 쓰다 보면 전선이 주렁주렁 딸려 옵니다. 어디 안 보이는 곳에 숨겨놓으면 깔끔하고 좋을 텐데 늘 바깥에 보입니다. 그럴 때 저는 간단한 공구를 이용해서 가구 뒤에 구멍을 뚫어줍니다. 그 사이로 전선을 통과시켜서 정리하는 것입니다. 전선이 바깥에 늘어져 있으면 강아지가 갉아먹을 수도 있고 아이들이 만질 수도 있어 위험한데, 이렇게 해놓으면 훨씬 더 안전하고 청소하기도 편합니다.

저는 물건을 잘 정리하는 것도 중요하지만, 애초에 그것들을 어떻게 배치하고 어떻게 사용하는지가 더 중요하다고 생각합니다. 소소한 디테일의 변화만으로도 사용의 편의성과 효율성을 확 높일 수 있기 때문이죠. 지금 당장 집 안을 둘러보고 불편하게 쓰고 있는 가구나 물건이 없는지 확인해 보세요. 디테일을 관찰하고 불편을 체크해보는 것만으로도 큰 변화를 만들어낼 수 있습니다.

종류별, 계절별로 구분해 같은 방향을 바라보도록 걸어야
옷이 덜 상하고, 찾아 입기 편하다.

사람을 먼저 알고
집의 콘셉트를 잡는다

의뢰인들의 집을 처음 방문했을 때 제가 가장 먼저 확인하는 공간이 있습니다. 바로 현관이죠. 현관의 상태를 확인하는 순간, 그 집에 사는 사람의 성향이나 생활패턴이 반 이상 파악되기 때문입니다. 들어가는 입구부터 정리가 잘된 집이라면, 백이면 백 정리를 잘하는 사람입니다. 택배 박스도 중요한 단서가 됩니다. 풀지 못한 택배 박스가 쌓여 있다면 물건이 많고, 정리가 잘 되어 있지 않은 집일 가능성이 높습니다.

그런데 집을 직접 방문하지 않고도 그 사람의 정리습관이나 생활패턴을 파악하는 방법이 있습니다. 대표적으로 SNS를 보면 집의 어떤 공간을 정리해야 할지, 집에 어떤 물건이 많을지를 파악할 수 있습니다. 예를 들어 SNS에 화려한 옷이나 액세서리 사진을 자주 올리는 사람이라면 옷, 신발, 가방, 액세서리 정리가 필요합니다. 또 요리 사진이나 음식 사진을 자주 올리는 사람은 대체로 주방용품이 많아 부엌 정리가 골치인 경우가 많습니다.

저는 '신박한 정리' 프로그램 촬영을 위해 출연자의 집을 정리할 때도 의뢰인의 나이, 성향, 가족 관계, 과거 인터뷰 등을 참고합니다. 집은 곧 그 사람이기 때문에 그 사람이 좋아하는 것과 싫어하는 것을 정확하게 파악하고 공간을 다뤄야 최고의 결과물을 만들어낼 수 있습니다. 사람에 대한 공부가 그만큼 중요하다는 의미입니다. 그렇게 그 '사람'에 대해 먼저 알고 전체적인 집의 콘셉트와 분위기를 정하면 더욱 만족도 높은 결과물을 만들 수 있습니다. 함께 집을 정리하는 과정에서 친밀감도 쌓이고요.

여러분의 집은 다른 집과 다른 어떤 독특한 특징이 있나요? 이 질문은 '당신은 다른 사람과 무엇이 다른가요?'라는 질문과 같습니다. 예를 들어, 벽에 가족사진을 많이 걸어두었거나 냉장고에 기념품 마그네틱이나 여행지에서 찍은 사진을 많이 붙여놓았다면 가족이 함께하는 시간을 중요하게 생각하는 집입니다. 이렇게 여행을 좋아하고 활동적인 가족은 집 인테리어에 크게 신경 쓰지 않는 경우가 많은데, 이들은 집 밖에서 혹은 여행지에서 더 큰 행복을 찾는 사람들이기 때문입니다.

이런 사람들은 굳이 집에 큰돈을 투자할 필요가 없습니다. 다만, 여행과 관련된 물건들을 한곳에 잘 모아둘 공간을 마련해주는 것이 좋습니다. 꺼내기 쉽고 수납하기 편리하도록 말입니다. 마찬가지로 자전거 타기, 식물 키우기 등 좋아하는 취미활동이 분명한 사람이라면 그 활동을 좀 더 편하고 즐겁게 할 수 있는 콘셉트를 잡으면 됩니다.

반면에 침대가 크고, 청소기, 커피머신, 운동기구를 비롯한 실내 생활용품이나 가전제품이 많은 집에 사는 사람은 대체로 집에서 시간 보내는 것을 즐깁니다. 이런 집은 정리할 때 효율적인 동선이 나오도록 최적화된 위치에 물건을 놓아야 합니다. 드레스룸은 화장실 가까이에, 식탁은 밥을 가장 자주 먹는 위치에, 깜빡하기 쉬운 비타민이나 건강식품은 정수기처럼 손닿기 쉬운 곳이 좋습니다.

이국적이고 개성 있는 물건들이
각자의 매력을 뿜어내는 공간

'예쁜 쓰레기'라는 말 들어보셨나요? 보기에는 예쁘지만 실용성이 없어서 결국 쓰레기와 다를 바 없는 물건을 뜻하는 말입니다. 해외여행 갔다가 너무 예뻐서 사온 전등갓, 동남아 라탄 바구니, 유럽풍 도자기 장식 접시, 사슴 머리 벽걸이 장식품 등등, 살 때는 너무 좋아서 어렵게 이고 지고 왔는데 막상 우리 집과 너무 안 어울린다면 어떻게 해야 할까요? 이처럼 독특하고 예쁜 물건이나 가구가 우리 집에서 천덕꾸러기가 되지 않고 자신의 역할을 제대로 해내도록 할 방법은 없을까요?

의뢰인 중 한 노부부가 그랬습니다. 그 댁 어머님이 집 꾸미기를 굉장히 좋아해서 엔틱 가구를 비롯해 물건 하나하

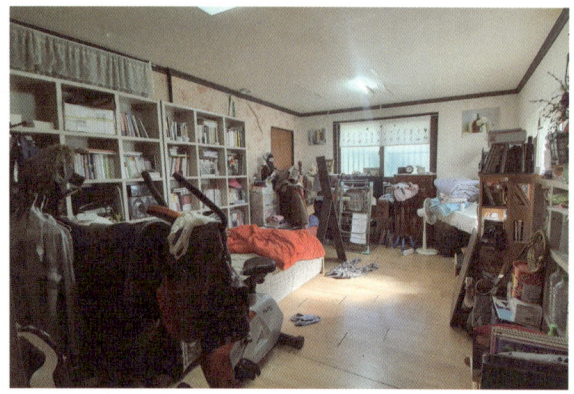

통일감 있게 정리만 해주어도
하나하나 개성 있고 예쁜 가구들이 되살아난다.

가구의 컬러를 맞추고 벽에 여백을 만들자
공간에 숨 쉴 틈이 생겼다.

나 안 예쁜 게 없었죠. 옷도, 소품도, 가구도 마찬가지였습니다. 따로 떼어놓고 보면 다 너무 예뻤지만 그게 너무 많아지고, 중구난방으로 쌓이기 시작하자 집이 포화상태가 된 것입니다. 모든 방이 역할을 잃은 상태였고, 방이 아니라 짐이 잔뜩 들어찬 창고처럼 보였습니다.

이런 집은 예쁜 소품 하나하나의 매력을 드러낼 수 있도록 바꿔주는 것이 좋습니다. 각각 개성이 너무 뚜렷한 가구들이라도 한 사람이 산 것들이기 때문에 찾아보면 분명 공통점이 있습니다. 비슷한 스타일과 컬러, 소재에 따라 가구를 먼저 구분합니다. 그리고 방마다 역할을 부여한 후에 가구를 그룹별로 들여보냅니다. 그 정도만 분류하고 정리해도 인테리어가 따로 필요 없는 유럽의 어느 저택 같은 분위기가 만들어졌습니다. 이제껏 통일감 없이 자리만 차지하고 있던 예쁜 가구와 소품들이 비로소 빛을 발하게 된 것입니다.

이렇게 개성 있는 가구와 소품이 너무 많아서 문제인 경우도 있지만, 반면에 포인트를 주기 위해서 산 가구(예를 들어 엔틱 콘솔이나 빈티지 서랍장 등)가 제 역할을 하지 못하고 묻힐 때도 있습니다. 이런 경우는 가구를 알맞은 위치에 배치하지 못했기 때문인데, 이렇게 개성 있고 독특한 포인트 가구는 무조건 주변에 눈에 띄는 다른 가구가 없는 빈 공간, 예

포인트 가구는 벽면의 가운데 놓아,
양옆에 여백을 만들어야 시선이 집중된다.

를 들어 복도 끝이나 빈 벽면의 한가운데에 두는 게 좋습니다. 그게 힘들다면 포인트 가구 위에 핀 조명을 하나 설치하는 것도 좋습니다.

그리고 포인트 가구 위에는 의식적으로라도 절대 잡동사니를 올려놓으면 안 됩니다. 한번 물건이 쌓이기 시작하면 걷잡을 수 없다는 것, 아마 다들 경험으로 아실 겁니다. 이렇게 되면 물건도, 가구도 본래의 가치를 잃습니다.

아이들에게는 아이 전용 갤러리를

아이가 있는 집은 유난히 어수선하고 정리가 안 됩니다. 장난감이나 책, 미술용품 같은 물건뿐만 아니라 유치원이나 학교에서 만들어온 작품들도 크게 한몫합니다. 고사리손으로 꼬물꼬물 만들어온 작품들이 엄마 눈에는 얼마나 예쁘고 소중해 보이겠습니까. 하지만 하나하나 쌓이고 나면 만만치 않게 큰 공간을 차지하게 됩니다. 사실 요즘은 아이가 1명인 가정이 많아서 더욱 아이의 작품을 소중하게 여기는 것도 같습니다.

앞서 말씀드렸다시피 저도 유치원에서 교사로 오래 일

했고, 제 아이들이 만든 작품들을 볼 때마다 미소가 절로 지어지곤 했습니다. 그런데 지나고 나면 짐이 될 뿐이라는 사실 역시 잘 알기 때문에 모든 것을 다 보관할 필요는 없다고 조심스럽게 제안해봅니다. 제 경우는 아이 1명당 클리어 파일을 1개씩 정해놓고 가장 기발하고 멋진 작품만 골라서 채웠습니다.

꼭 1개일 필요는 없습니다. 아이가 미술에 소질이 있다면, 미술 작품을 더 많이 보관하면 됩니다. 색칠 놀이 1권, 종이접기 1권 등 카테고리별로 나눠서 보관해도 좋습니다. 파일을 나누는 기준도 아이에 따라 다를 수 있습니다. 미술, 음악, 글짓기 등 분야별로 나눌 수 있고 아이가 성장하는 속도에 따라 연도별로 나눌 수도 있습니다. 이것 역시 아이의 성향에 따라, 정리하는 사람의 기준에 따라 적당한 방법을 찾으면 됩니다.

앞에서 강조했듯이 저는 '미니멀'보다 '라이프'가 우선이라고 생각합니다. 다만, 그것들이 가진 본래의 가치를 잃어버릴 정도로 너저분하게 보관하지는 말자는 이야기입니다.

저는 아이들을 키울 때 아예 아이들 전용 갤러리를 따로 만들어주기도 했습니다. 갤러리라고 해서 거창한 것은 아니고, 작은 협탁을 하나씩 만들어주는 정도였죠. 이곳이 바로 작품을 전시하는 공간이 됩니다. 아이들이 직접 만들어온 작품, 상장, 트로피, 일기장까지 자랑하고 싶고 간직하고 싶은 물건들을 다 모아놓을 수 있습니다. 작지만 아이의 역사가 진열되는 공간입니다.

그런 공간을 만들어주면 아이들은 그곳을 자신의 공간이라고 생각해 스스로 치우고 정리합니다. 즉 아이가 스스로 버릴 물건과 보관할 물건을 선택하고, 엄마가 말도 없이 버렸다고 속상해하거나 작품이 망가져 형제자매와 싸울 일도 없어진다는 뜻입니다.

아이 물건에 관해 한 가지 팁이 더 있습니다. 보행기나 미니 자동차처럼 바퀴가 달린 커다란 장난감들은 정리하기가 정말 어렵습니다. 아기 운동장이나 소서, 점퍼루처럼 더 어린 아기들을 위한 장난감은 크기도 크고 비싸기도 합니다. 이런 장난감들이 집 안 여기저기에 굴러다니면 그저 짐이 될 뿐입니다. 이런 물건들을 보관할 때 유용한 팁이 있습니다. 바로 '장난감 전용 주차장'을 만들어주는 것입니다. 보관해야 하는 물건의 크기에 맞춰 바닥에 색 테이프를 붙이고 '자, 여기는 미니 자동차 주차장이야!' 하고 아이들에게 알려줍니다. 그러면 아이들은 놀고 난 후 자연스럽게 장난감을 제자리에 갖다 놓습니다. 자동차마다 번호판을 만들어 숫자놀이도 가능합니다. 이렇게 자리를 만들어주면 부피가 큰 장난감들이 집 안 이곳저곳을 돌아다닐 염려가 없어집니다. 이런 물건들도 가구처럼 자리를 정해주는 것이 중요합니다. 그리고 잡아준 자리에 꾸준히 정리할 수 있도록 만들어주는 것이 쾌적한 공간을 오랫동안 유지할 수 있는 비결이죠.

처음부터 버릴 생각으로
물건을 들이지는 않겠지만

"우리 집에 이렇게 물건이 많았는지 몰랐어요."

제게 공간 컨설팅을 의뢰한 많은 분들이 한결같이 이렇게 말합니다. 소중한 추억이 담긴 물건도 있지만, 필요하지도 않은데 여러 개씩 쟁여둔 물건도 많습니다. 이런 게 집에 있었는지도 몰랐던 물건도 있죠. 무엇을 간직하고 무엇을 버릴지, 우선순위를 정해 잘 버리는 법은 앞에서 충분히 설명했습니다.

그런데 실제로 버리기가 어려운 또 다른 이유는 버리는 과정이 복잡하고 때로는 귀찮기 때문입니다. 큰 가구나 바닥에 까는 매트, 운동기구 등을 버리는 데는 돈도 듭니다. 주민센터에 가서 폐기물 수거 신청서도 작성해야 하고요. 쓸 일은 없을 것 같은데 버리기는 아까운 물건들, 어떻게 처리하면 좋을까요?

예전에는 주변 사람들에게 나눠주기도 했습니다. 그런데 그것도 마냥 쉽지만은 않습니다. 형제자매처럼 가까운 사이가 아니라면 은근히 신경 쓸 게 많습니다. 받는 사람이 좋아할까? 괜히 필요 없는 물건을 떠넘기는 게 아닐까? 새것도 아닌데 기분 나빠하지 않을까? 고민스럽습니다. 어렵게 마음먹고 물건을 전달하려 해도 시간 약속하고, 만나고, 나중에 밥도 사고 하다 보면 보통 일이 아닙니다. 나에게는 더 이상 필요하지 않지만 누군가에게 소중하게 쓰일 수도 있는 그 물건을 어떻게 하면 좋을까요?

저는 그동안 많은 집의 공간을 컨설팅하면서 버려지는 책들이 너무 아까웠습니다. 그래서 저희 회사 사무실에 커다란 책장을 만들고 버려지는 책들을 가져와 꽂아두었죠. 사무실을 오고 가는 사람들이 기부금 1,000원을 내면 필요한 책을 가져갈 수 있습니다. 그렇게 모은 돈은 좋은 일에 기부하고요. 제 나름대로는 어렵지 않게 의미 있는 나눔을 실천하고 있는 것이죠.

공간을 확보하기 위해 쓸데없는 물건을 버리는 것도 중요하지만 마땅한 곳에 기부하고 나눌 수도 있다면 그 '버림'의 가치가 더욱 높아집니다. '아름다운가게'나 '당근마켓'을

낡거나 파손되어서 더 이상 쓰지 못하는 재료들을 재활용해서
조명이나 컵 받침 같은 소품을 만들거나 촌스러운 색의 플라스틱 통을
페인팅하여 센스 있는 소품으로 만들었다.

Part 2　　버리는 게 능사가 아니건만

이용하는 것도 좋은 방법입니다.

그 방법들도 어렵다면 재활용 쓰레기 분리수거 장소에 물건을 내놓는 방법도 추천합니다. 물론 쪽지를 남겨야 합니다. 혹시 가져가실 분이 있다면 가져가시고, 없다면 스티커를 부착해서 버리겠다고 말입니다. 이렇게만 해둬도 아파트 단지에서는 쓸 만한 물건이 금방 사라지곤 합니다. 한 의뢰인은 꽃집을 운영하다 건강상의 이유로 사업을 접으셨는데, 가게를 정리하면서 처분하기 곤란했던 화분과 식물들을 분리수거장에 내놓자마자 금세 동난 일도 있었습니다.

직접 업사이클링할 수 없는 가구나 물건들은 '잘' 버려서 리사이클링 하는 것이 가장 좋은 방법입니다. 만약 손재주가 좋고 아이디어가 있다면 직접 업사이클링에 도전해보아도 좋겠습니다. 저도 가끔 너무 좋은 목재로 만든 가구가 버려질 때, 일부분을 활용해서 캔들 받침대나 독서대, 스탠드 같은 소품을 만들곤 합니다.

어떤 물건이 들어오고, 어떤 물건이 나가는가?

이렇게 버려야 하는 물건을 줄이기 위해서는 물건이 집에 처음 들어오는 순간을 가장 경계해야 합니다. 어떤 과정으로 새로운 물건이 우리 집에 자꾸 들어오고 있는지를 파악하는 것이 중요하죠. 저 역시 공간을 재구성하면서 가장 많이 버려지는 품목들을 살펴보면서 지금 우리 집에는 어떤 물건이 가장 많은지, 그 물건이 어떤 경로로 우리 집에 들어오게 됐는지를 생각해보곤 합니다.

제 경험상 가장 많이 버려지는 품목 1위는 단연 플라스틱 용기 같은 주방용품입니다. 집집마다 다르긴 하지만 대체로 2위는 책이고 3위는 옷이라고 보면 됩니다. 예전에는 백화점이나 전자제품 대리점 등에서 뭘 사면 사은품으로 플라스틱 주방용품을 주는 경우가 많았습니다. 그런데 이게 쓸 일은 없고 새것이라 버릴 수도 없다 보니, 수십 개씩 쌓여가는 것입니다. 쓰지 않을 물건이라면 애초에 욕심부려 받아오지 않는 것이 좋고, 어쩔 수 없이 받았다면 무작정 버리기보다 정리용 바구니로 재활용하는 것을 추천합니다.

또 한 가지 주의할 것은 세트로 왕창 구매하는 것입니다.

TV홈쇼핑을 많이 이용하는 사람들은 1+1이나 여러 개를 세트로 판매하는 물건을 자주 사게 됩니다. 똑같은 모양에 컬러만 다른 티셔츠 5종 세트, 반찬통 20종 세트, 아이들 전집 150권 세트 같은 것 말입니다. 티셔츠 5벌이 생기면 월화수목금 내내 그 티셔츠만 입나요? 대부분 좋아하는 컬러 한두 가지를 제외하고는 안 입게 됩니다. 보통 사람들은 손에 익은 것, 익숙한 것만 사용하려는 습성이 있기 때문이죠.

1+1은 지양하고, 싼 가격에 여러 개 묶어서 판매하는 물건들도 일단 거르시길 추천드립니다. 참고로 아이들 전집도 결국 엄마의 욕심일 뿐이지, 정말로 아이들을 위한 것은 아니지 않나 싶을 때가 많습니다. 책은 특히나 무겁기 때문에 이사할 때나 공간을 재구성할 때도 가장 정리하기 어려운 품목입니다. 더군다나 쌓아두기에 이만큼 편한 물건도 없어서 산더미처럼 불어나는 것도 순식간이죠.

마지막으로, 모든 물건이 그렇겠지만, 옷에 대해서도 필요needs와 욕구wants를 구분하는 연습을 해보면 좋겠습니다. 요즘 사람들이 옷을 사는 패턴은 정말 필요해서 사는 경우보다 갖고 싶어서 사는 경우가 대부분입니다. 멀쩡한 청바지가 10개도 넘는데 나도 모르게 또 사고 있는 그런 경우가 있죠. 물론 패션에 관심이 지대한 사람이라면 이런저런 소재와 스타일을 다 구비해놓는 게 일상의 낙일 수도 있겠지만, 정말 그런 이유 때문인가는 한번 생각해볼 일입니다. 마음의 결핍과 우울감을 채우기 위해 옷을 사 모으는 것이 아닌가 돌아보자는 것입니다. 이런 욕구를 좀 더 발전적인 방향으로 해소하면서 천천히 옷을 줄이는 연습을 해보는 것은 어떨까요?

소중한 추억을
어떻게 버릴 수 있나요?

우리 집에 물건이 쌓일 수밖에 없는 이유는 우리가 사람들과 관계 맺고 살아가는 존재이기 때문입니다. 사람들과 어울려 살며 행복을 느끼는 우리는 그래서 추억도 흔적으로 남겨놓길 원하죠. 대표적인 추억의 산물로는 편지, 사진, 액세서리 등이 있습니다. 그러나 아무리 소중한 추억이 담긴 물건이라도 의미 있는 형태로 보관하지 못한다면 우리는 그 사람을, 그 시절을 제대로 추억하지 못할 것입니다. 그렇다면 우리는 어떻게 추억의 물건들을 다루고 보관해야 하는 걸까요?

많은 이들이 추억이 담긴 물건을 쉽게 버리지 못하는 이유는 그 물건이 하나뿐이고, 추억의 물건은 한번 버리면 영영 되찾을 수 없다고 생각하기 때문입니다. 이별한 연인의 물건을 쉽게 버리지 못하는 것도, 모두 모아 그 즉시 버리는 것도 다 같은 이유 때문이죠. 물건을 사람처럼, 시절처럼 여기는 것입니다.

그렇다고 추억의 물건을 무조건 다 버리고 비우라는 말이 아닙니다. 오랫동안 고민해봤지만 도저히 버릴 수 없는 물건들은 보관해야 합니다. 다만, 소중한 추억을 더 가치 있게 보관할 좋은 방법을 찾아야 합니다. 먼저, 추억의 물건을 사용, 전시, 보관의 카테고리 3개로 나누는 방법이 있습니다.

'사용' 카테고리에 담긴 물건들은 추억이 담겨 있으면서 지금 당장 사용도 가능한 물건들입니다. 옷이나 신발, 액세서리 같은 것들이겠죠. 이런 물건들은 일상적으로 생활하는 공간에 보관해두고 열심히 사용하면 좋습니다. 사용하면서 그때의 소중한 기억들을 떠올려보는 것도 좋습니다. 물론, 사용할 수 있는 물건이라도 애초에 보관용으로 구매한 물건은 '사용'이 아니라, '보관' 카테고리로 분류해줘야 합니다.

다음으로 '전시' 카테고리에 담긴 물건들은 사용할 수는 없지만 잘 보이는 곳에 진열해두고 때마다 추억을 곱씹을 수 있는 것들입니다. 액자에 담긴 사진이나 트로피, 피규어 등이 이 카테고리에 속합니다. 이런 것들은 자리를 정해두고 한 공간에 모아서 수납하는 것이 좋습니다.

마지막으로 '보관' 카테고리입니다. 이 카테고리에 포함

된 물건들은 품목별로 박스에 넣어서 네이밍해주는 것이 좋습니다. 대표적으로 일기나 오래전에 사용했던 전자 기기, 레포트, 편지 등이 있습니다. 언제든 찾아보기 편하도록 차곡차곡 정리해서 베란다나 창고에 보관해둡시다.

이렇게 버리지 못한 추억의 물건들을 다 정리했는데, 여전히 3개의 카테고리 중 어디에도 속하지 않는 물건이 있다면 이 물건은 버리는 것이 좋습니다. 사용하지도, 전시하지도, 보관하지도 못하는 물건이라면 그 물건에 담긴 추억도 어쩌면 더 이상 가치 있는 것이 아닌지도 모르겠습니다. 영영 돌아보지 않을 추억이라면 건강하게 이별하는 연습도 필요하죠.

추억템의 가치를 높이는 법

얼마 전 방문한 의뢰인의 집에서도 많은 추억의 물건들을 만날 수 있었습니다. 수능 수험표와 대학시절 레포트, 학생수첩부터 동아리 시절 입었던 스키복, 퇴사하면서 받은 롤링페이퍼까지 그녀의 설명을 듣다 보면 무엇 하나 사연 없는 물건이 없고, 소중하지 않은 물건이 없었죠. 우리 모두의 이야기이기도 합니다. 그러나 집이라는 공간은 한정적일 수밖에 없습니다. 제한적인 공간에 추억의 물건이 쌓여가면 곧 한계에 도달하게 되고, 지난 추억들이 켜켜이 쌓인 공간에서는 새로운 추억을 만들어갈 수 없죠.

추억의 물건을 정리할 때도 1단계는 '비우기'입니다. 도저히 버릴 수 없는 물건이 아니라면 앞으로 쌓아갈 새로운 추억들을 위해 마음을 단단히 먹고 비워봅시다. 의뢰인이 많이 비워준 덕분에 정리는 훨씬 수월해졌습니다. 수납공간을 마련하고 '역사박물관'처럼 소중한 물건들을 진열했습니다. 레포트를 비롯한 문서 추억템들은 차곡차곡 정리해서 파일철에 넣었습니다. 매사 그 순간에 집중하고, 열심히 했던 기억 때문에 모든 물건 하나하나가 소중했다던 그녀의 말이 제게도 많은 울림을 주었기 때문에 무엇 하나 놓치지 않고 꼼꼼히 정리했습니다. 이렇게 버리지 못한 추억의 물건들은 그만큼 더 많은 정성을 쏟아서 정리해줘야 합니다. 그래야 찾기에도 쉽고, 보기에도 예쁘게 오랫동안 보관할 수 있습니다.

마지막으로 추억의 물건 정리하기에 나선 많은 사람에게 말해주고 싶은 것이 있습니다. 추억의 물건은 그 추억을 돌아볼 수 있을 때에만 가치가 있다는 것입니다. 나의 추억이 어디에 전시되어 있는지, 어디에 보관되어 있는지를 돌아볼 수 있어야 합니다. 스스로 나아갈 수 있게끔 만들어준

원동력인 추억의 물건들을 많은 이들이 의미 있게 보관할 수 있기를, 나아가서 건강한 이별도 할 수 있기를 바라는 마음입니다.

Tip

보송보송 반짝반짝, 욕실 청소 쉽게 끝내는 법

- **손이 안 닿는 곳은 스프레이형 욕실 클리너**

  스프레이 형태로 된 욕실 클리너는 손이 안 닿거나 칫솔로 힘들게 닦았던 부분에 뿌리고 물로 씻어주기만 하면 된다.

- **욕실 물때는 린스나 설탕으로**

  안 쓰고 모아둔 린스나 컨디셔너가 있다면 버리지 말고 물때 제거에 활용해보자. 청소용 솔에 묻혀서 닦아주면 물때 제거는 물론 코팅 효과까지 볼 수 있다. 샤워 중에 청소하면 수증기가 물때를 불려줘서 더욱 쉽게 제거된다. 세면대 물때를 청소할 때는 설탕을 사용하면 좋은데, 물때가 끼기 쉬운 부분에 설탕을 한 움큼 뿌린 후 문질러주면 설탕의 색깔이 변하면서 물때와 함께 녹는 것을 확인할 수 있다.

- **배수구 악취 제거는 베이킹소다+식초**

  베이킹소다 1컵과 식초 1컵을 배수구에 넣은 후 10분 정도

기다린 다음 뜨거운 물을 부어주면 배수구에서 올라오는 악취는 물론이고 나방파리 유충까지 완벽하게 잡을 수 있다.

• **수도꼭지 청소는 과일로**

수도꼭지는 귤이나 오렌지, 레몬 등 강한 산이 들어 있는 과일로 닦아주면 좋다. 오렌지, 레몬 등을 껍질째 얇게 슬라이스해 문질러주면 곰팡이는 물론 녹까지 손쉽게 제거할 수 있다.

• **곰팡이는 소독용 에탄올로 없앤다**

욕실 벽과 바닥에 생긴 곰팡이는 헝겊 봉에 소독용 에탄올을 발라 두들겨 닦아주면 간단히 해결된다. 실리콘에 거뭇하게 올라온 곰팡이는 뿌리가 깊은 것이니 락스를 사용하자. 키친타월을 락스에 적셔서 붙여두고 3~4시간 후에 떼어내면 간단히 제거할 수 있다.

• **건식 화장실 습기 잡는 소금**

샤워부스나 욕조 이외의 바닥을 건식으로 관리하면 훨씬 쾌적하고 안락한 분위기를 만들 수 있다. 습기를 잡는 데 소금이 큰 역할을 하는데, 작은 통에 굵은 소금을 담아서 욕실 곳곳에 놓아두면 좋다.

Part 3

공간을 정리하면 '삶'이 바뀐다

당신의 인생을
정리해드립니다

"정말 욕 안 하실 거죠?"

이 일을 하면서 정말 많은 사람이 눈물 흘리는 모습을 봤습니다. 달라진 집의 모습을 보고서 말이죠. 이분들이 눈물까지 흘리는 이유는 무엇일까요? 가슴 속에 막혀 있던 무언가가 뻥 뚫린 것 같다던 분도 있었습니다. 새로운 인생이 시작된 것 같다고 말씀하신 분도 있었죠. 한때 애지중지하던 물건이었는데 뽀얗게 먼지가 쌓일 때까지 왜 이렇게 방치할 수밖에 없었을까를 돌아보며 지난날의 후회까지 먼지와 함께 닦아낸 분들도 많았습니다.

집에서 안정감을 찾지 못해 밖으로만 나돌던 아이들이 돌아오고, 가족이 다시 만나 또 다시 좋은 기억을 만들어가는 공간이 되었다며 저를 붙잡고 우시던 분도 생각나네요. 매일 나가고 다시 들어오는 '집'은 곧 우리의 인생입니다. 집에서는 정서적 안정과 휴식을 찾을 수 있죠.

잊을 수 없는 의뢰인이 한 명 있습니다. 그녀는 저에게 전화를 걸었다 끊었다, 또 잠시 후에 걸었다 끊었다를 십수 번 반복했습니다. 제가 전화를 받으면 아무 말도 못 꺼내고 그냥 끊어버렸던 것입니다. 참다못한 제가 먼저 물었습니다.

"고객님, 대체 뭐가 그렇게 고객님을 힘들게 하나요?"

그제야 그녀는 조심스레 말문을 열었습니다. 집이 너무 어지러운데, 정리만 한다고 될 일인지도 확신이 안 서고, 생판 모르는 남에게 집을 보여주는 게 너무 부끄럽다는 것이었습니다. 어렵게 마음먹고 전화를 걸었을 텐데, 저 역시 그냥 지나칠 수가 없었습니다. 설득 끝에 집으로 찾아가게 되었습니다.

집은 인생이 담긴 공간

50대 후반의 중년 여성이었습니다. 남편과 자녀들이 있었고, 함께 사는 친동생에겐 장애가 있었는데 얼마 전 세상을 떠났다고 했습니다. 아픈 친정 동생을 데리고 살다 보니 내내 주눅 들어 지내오신 것 같았습니다. 아이 셋 키우며 살림하고, 동생 병수발까지 드느라 집을 제대로 정리하고 살 여유가 없었다고 했습니다. 거기다 경제적인 어려움까지 겹치면서 더더욱 집 정리를 놓아버릴 수밖에 없었답니다. 어느덧 아이들이 커서 독립하고, 아픈 동생도 떠나보내고 나니 집에 공간이 생겼다고 합니다. 이제야 조금 마음에 여유가 생겼다고 말하는 그분의 얼굴에는 지친 기색이 역력했습니다.

그 집을 정리하러 갔던 날, 1톤 트럭이 무려 14번이나 왔다 갔습니다. 수십 년간 쌓아놓기만 했던 온갖 물건들이 나가자, 집은 완전히 새로운 공간으로 바뀌었습니다. 그분은 새집처럼 변한 공간을 보며 새 삶을 얻게 된 것 같다며 아이처럼 좋아했습니다. 저희 직원들에게 손수 밥까지 차려주면서 감사함을 전했습니다. 차려주신 밥도 맛있었지만, 그보다 더 감동적인 것은 세상 모든 시름을 날려버린 듯 화사하게 웃는 그분의 모습이었습니다. 내내 지쳐 있고 주눅 들어 있던, 당장이라도 쓰러질 것 같던 분이 이렇게 바뀔 수 있다니 너무나 놀라웠죠.

많은 분이 집을, 그리고 지나간 세월을 정리하고 싶어 하지만 부끄럽고 확신이 없어서 주저하거나 망설이곤 합니다. 집 정리는 다이어트와 비슷합니다. 한번 다이어트에 성공해본 사람은 이후에 다시 쪘다 빠졌다를 반복하더라도, 살이 빠졌을 때의 느낌을 알기 때문에 다시 성공할 확률이 높고 성공한 상태를 유지하기도 쉽습니다. 지금 당장은 좀 부끄럽더라도 작심하고 다 덜어내고 정리해보면, 또 살면서 짐이 늘고 어수선해지겠지만 언제든 좋았던 상태로 돌아갈 수 있습니다. '좋았던 상태'가 어떤 것인지 직접 경험해보고 느껴본 사람만 가능한 일이죠.

인생의 마지막을 정리하는 마음

한 어머니로부터 연락을 받았습니다. 자녀가 셋인데 두 아이는 유학 가 있고 고등학생이 된 막내와 함께 산다고 했습니다. 그런데 얼마 전 암 진단을 받고 수술 날짜를 잡았다고 합니다. 수술을 앞두고 가만히 생각해보니, 자신이 언제 어떻게 세상을 떠날지 모르겠다는 생각이 들었다고 합니다. 그래서 살림에서 손을 떼고 평소 하고 싶던 취미활동을 하면서 지냈는데, 그러다 보니 집은 점점 엉망이 되었고, 한번 손을 놓고 나니 다시 정리를 시작하는 게 너무 막막해진 것이죠. 그러던 중에 자신이 죽고 나면 엉망이 된 집을 아이들이 치워야 할지도 모른다는 생각에 용기를 냈다고 했습니다.

그분 집을 정리해드리면서 참 많은 생각을 했습니다. 자신의 마지막을 정리하는 의뢰인에게 물건을 버리라고 설득하는 일도 쉽지 않았습니다. 그러나 그분은 이미 마음의 정리를 마친 후였는지 꽤 많은 물건을 버리고 치우는 데 성공했습니다. 그렇게 작업을 마치고 난 후에도 가끔 그분이 생각났지만 선뜻 연락해보기가 어려웠습니다. 좀 두렵기도 했고요.

그렇게 1년이 흐른 어느 날, 그분이 다시 연락을 해왔습니다. 수술이 성공적으로 끝났고 새집으로 이사할 예정인데 한 번 더 컨설팅을 해달라는 요청이었습니다. 그때의 작업은 지금까지도 가장 뿌듯한 기억으로 남아 있습니다.

그분은 수술을 앞두고 자신의 물건을 하나하나 직접 만져보며 버릴 것을 가려내고, 더 알맞은 장소에 정리했던 일이 지쳐 있던 자신에게 큰 힘이 되었다고 했습니다. 단순한 정리수납이 아니라 이제까지 살아온 인생을 전부 다 펼쳐놓고 되돌아보는 시간이었다고, 우울하고 무기력했던 마음 대신 진짜 새 삶을 살아보고 싶다는 마음이 들었다고 말했습니다. 그 말을 하던 그분의 표정이 믿을 수 없을 만큼 밝았던 기억이 아직도 생생합니다.

살다 보면 별별 일이 다 생깁니다. 삶 전체가 휘청거리는 일도 가끔 벌어집니다. 이혼이나 실직을 할 수도 있고, 가족 중 누군가가 아플 수도 있습니다. 어떤 이유로든 훅 들어온

한쪽에 몰아놓았던 물건들에게 제자리를 찾아주고 나니
우울하고 무기력했던 마음까지 밝아졌다.

같은 공간이라는 것이 믿어지지 않는 방.
한번 놓아버리면 연쇄적으로 모든 공간이 어수선해진다.

사건사고에 충격을 받고 일상을 놓아버리면, 집을 정리하는 일도 소홀해질 수밖에 없습니다. 그렇게 한번 놓아버리면 연쇄적으로 모든 공간이 어수선해지고, 그 시간이 길어지면 돌이킬 수 없는 상황이 되어버리는 경우도 많습니다. 이런 상황은 누구라도 겪을 수 있습니다. 평생을 깔끔하게 살아온 사람도 어떤 계기로 인해 얼마든지 정반대의 상황에 놓일 수 있습니다.

저는 집이라는 공간을 바꾸는 것만으로도 많은 것이 달라지는 것을 직접 목격했습니다. 우울하고, 자존감이 낮아지고, 무기력한 시간들이 너무 오래 지속되게 놔두어서는 안 됩니다. 과거의 후회와 미래의 불안을 덜어내고, 지금 이 순간의 행복에 집중해서 공간을 바꿔보는 일은 떨어졌던 자존감을 주워올리고 사라졌던 의욕도 되살립니다. 변화하고 싶다면 주변을 둘러보세요. 무엇부터 시작하시겠습니까?

"엄마, 저거 좀 버려요."

어르신들이 살고 계신 집에 가보면 잡다한 물건이 정말 많습니다. 물건이 공간을 압도해버린 느낌이 들 정도로 많습니다. 저를 비롯해서 많은 딸들이 엄마 집에 갈 때마다 하는 말이 있습니다.

"엄마, 저거 좀 버려요."

그러나 그게 말처럼 쉬운 일이 아니라는 것을 우리도 알고 있습니다. 자칫하다가 큰 싸움이 날 수도 있습니다. 평생 작은 것 하나도 허투루 쓰지 않고 아끼며 살아온 어른들입니다. 당연히 버리는 데 익숙하지 않습니다.

그런데 여기서 더 나아가 저장하고 모으는 것으로 마음의 안정을 찾는 사람이 있습니다. 아끼는 것을 잘 보관하지도 못하고, 불필요한 것을 버리지도 못하는 병적인 증상이 바로 '저장강박증'입니다. 주객이 전도돼 물건이 집주인이 되고, 사람은 그 집에 얹혀사는 꼴이 됩니다. 물건에 치여 삶이 사라지고 마는 것입니다.

물건에 쌓아 올린
부모님의 걱정과 근심

부모님 집에 물건들이 이토록 정신없이 쌓이기만 하는 이유가 뭘까요? 가장 흔한 이유이자 공통점은 자녀들이 어릴 적에 사용했던 추억의 물건들을 버리지 못하고 고스란히 간직하고 있다는 것입니다. 하모니카, 실로폰부터 실내화까지 없는 게 없습니다. 손주가 있는 집은 더합니다. 손주들이 놀러 왔다가 그려놓고 간 그림을 벽에 풀로 붙여놓은 집도 생각보다 많습니다.

잘 버리고 깔끔한 사람이라도 집에는 물건이 쌓일 수밖에 없습니다. 주기적으로 물건을 정리하고 버리는 습관을 들이지 않으면 계속 쌓이기만 합니다. 특히 새 물건이 생기면 포장 뜯기 아깝다며 서랍장 깊은 곳에 쌓아두는데, 새 물건은 새것일 때 사용하는 게 제일 좋습니다. 오래 놔둘수록 낡을 뿐이니까요.

특히 주방에 불필요한 물건이 많습니다. 거의 모든 집이 비슷한데, 살림을 하다 보면 '나중에 언젠가 쓰겠지' 싶어서 못 버리는 물건이 점점 많아집니다. 세 식구가 냄비 2개, 숟가락 3개만 가지고 살 수는 없지만, 그렇다고 냄비를 20개씩 가지고 살 필요도 없습니다.

물건 모으는 것이 습관이 되어버린 부모님을 어떻게 설득하면 좋을까요? 처음에는 30% 정도만 줄이는 방법을 추천합니다. 두 식구뿐인데 집에 숟가락이 30개 있다면, 먼저 10개만 버리고 20개를 보관하도록 하면 설득할 수 있습니다. 처음부터 다 버리자고 하면 반감만 생길 것입니다. 그러면 버리고 나서 버린 개수만큼, 아니 그보다 더 많이 사들일 수도 있습니다.

그래도 찜찜하다면 이런 방법은 어떨까요? 일단 비슷한 물건들, 똑같은 종류의 물건들을 한곳에 모아서 부모님이 직접 눈으로 확인할 수 있도록 하는 것입니다. 꼭 부모님에게만 통하는 방법도 아닙니다. 앞서 현명한 비우기 방법 중에 언급했던 '물건 파악하기'와 같은 방식이죠. 희한하게도 어르신들은 숨은 공간 사이사이에 물건을 끼워 놓는 것을 굉장히 즐깁니다. 사이사이에 끼워놓았던 물건들을 다 꺼내서 한곳에 모아놓으면 부모님도 깜짝 놀랄 것입니다. 물어

보지도 않고 한꺼번에 왕창 갖다 버리면 상실감이나 섭섭한 마음이 생각보다 클 수 있습니다. 이렇게 모아놓고 차근차근 정리하다 보면 부모님도 느끼는 바가 있을 것입니다. '내가 참 많은 걸 모으면서 살아왔구나.' 하며 물건에 대한 집착을 조금이나마 내려놓게 됩니다.

제가 컨설팅을 해드리고 나면 그 후에도 부모님이 정말 많이들 버리신다는 후기를 전해 듣곤 합니다. 그럴 때마다 물건에 쌓아 올렸던 부모님의 걱정, 근심이 조금이나마 덜어지는 듯해서 마음이 뿌듯해집니다.

좋은 상태를 경험해보는 것

조금 극단적인 사례일 수도 있지만 인상 깊었던 한 의뢰인 이야기를 해보겠습니다. 병적인 저장강박증을 앓고 있던 어머니가 있었습니다. 저에게 연락을 해온 사람은 아들이었습니다. 아들이 군대에 가 있는 동안 집에 물건이 쌓이고 쌓여서 일명 '쓰레기 집'이 돼버린 것이죠. 견적을 내기 위해 방문해보니 집의 상태는 정말 심각한 수준이었습니다. 썩은 냄새와 악취가 진동하는 집에서 해맑게 웃으며 나오던 어머니의 모습을 생각하면 아직도 마음이 아픕니다.

처음에는 도무지 엄두가 안 나서 못하겠다고 거절하려 했지만, 어머니를 걱정하는 아들의 간곡한 요청에 마음을 고쳐먹었습니다. 사실 어머니는 처음에 공간 컨설팅이 필요 없다며 아들의 제안을 거절하셨습니다. 하지만 제가 '아들 생각은 안 하시느냐, 대체 어떤 며느리가 이런 집에 시집 오고 싶어 하겠느냐'며 조금은 독한 말로 어머니를 설득했습니다.

막상 작업을 해보니 경악스러울 지경이었습니다. 죽은 쥐가 수없이 나왔고, 장판부터 도배까지 모두 걷어내야만 했습니다. 거의 집을 다시 만드는 수준이었죠. 천신만고 끝에 작업을 마치고 난 후 집을 둘러본 어머니는 정말 좋아하셨습니다.

어쩌면 어머니는 또다시 물건을 주워오고, 쌓아놓을지 모릅니다. 어떤 사람은 어차피 원래대로 돌아올 집인데, 왜 돈 들여가며 정리하고 청소하느냐고 묻기도 합니다. 그러나 한 번 해보려는 마음까지 무시해서는 안 됩니다. 정리가 어렵고 버리는 게 힘든 사람들의 의지를 꺾지는 말아야 합니다.

앞에서도 말했지만, 좋은 공간에 살아보는 것은 다이어트와 같아서 좋은 상태를 한 번 경험해본 사람은 아주 작은 노력이라도 좋아지는 쪽으로 기울이게 됩니다. 언젠가는 이

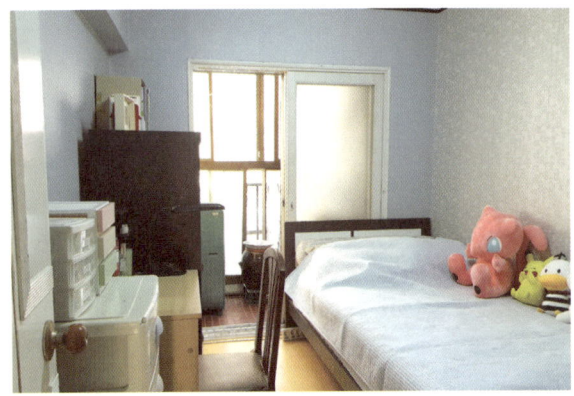

좋은 상태를 경험해본 사람은
아주 작은 노력이라도 좋아지는 쪽으로 기울이게 된다.

똑같은 물건들을 한곳에 모아서 직접 눈으로 확인하면
물건에 대한 집착이 조금씩 줄어들고 성공적으로 버릴 수 있다.

전의 어수선한 상태로 돌아갈 수도 있겠지만, 그 속도 또한 서서히 느려질 것입니다. 그래서 저는 이러한 시도 자체가 충분히 의미 있는 일이라고 생각합니다.

다시 멋진 삶을 채울 수 있는
공간을 선물하세요

아직도 많은 사람이 제가 하는 일에 대해 잘 이해하지 못합니다. 집을 정리해주는 게 어떻게 전문적인 일이 되느냐고 묻는 사람도 많습니다. 그런데 실제로 정말 많은 사람이 집을 제대로 '정리'하지 못해서 힘든 시간을 보냅니다. 많이 달라졌다고는 하나 여전히 집 정리와 청소가 여성들의 일로 여겨지고 있는 것도 하나의 이유일 것입니다.

기억나는 의뢰인이 있습니다. 신청을 여러 번 망설이던 주부였습니다. 이야기를 들어보니 남편이 정리 업체에 집 정리 맡기는 것을 반대했던 모양입니다. 남편을 어떻게 잘 설득할 수 있을까 걱정하며 그 집에 방문했습니다. 아내는 걱정스러운 표정으로 가장 싼 금액에 주방만 정리하고 싶다고 말했습니다. 그런 아내 옆에서 뜻밖에도 남편이 정말 궁

급한 듯한 표정으로 물어왔습니다.

"집 전체의 견적을 한번 받아보고 싶은데요?"

저는 서둘러 집을 둘러보고 전체적으로 공간 컨설팅을 진행했을 때 구조가 어떻게 바뀔지를 간단하게 설명했습니다. 그러자 남편은 금액이 조금 비싸더라도 꼭 전체적으로 정리를 해보고 싶다고 말했습니다. 정말 시급한 공간만 정리하는 것도 불가능한 일은 아니지만, 사실상 집 안의 모든 가구와 물건은 유기적으로 연결되어 있습니다. 한 곳만 정리하는 것과 집을 전체적으로 재구성하는 것은 결과가 완전히 다를 수도 있다고 저는 설명했습니다. 남편은 제 말의 의미를 제대로 이해한 듯했습니다.

그렇게 시작된 작업 내내 남편분은 신기한 듯이 현장을 지켜봤습니다. 그리고 마침내 정리가 끝나 대대적으로 바뀐 집을 보고 아내보다도 더 기뻐하고 놀라워했습니다. 비록 처음에는 필요성을 느끼지 못했지만 아내의 이야기를 경청하고 공간 재구성에 대해 의심하거나 무시하기보다 진심으로 궁금해하는 남편의 모습이 참 멋지다는 생각이 들었습니다.

정리정돈은 절대 쉬운 일이 아닙니다. 여성만의 일은 더더욱 아니죠. 그래서 공간 재구성을 통한 엄청난 변화를 직접 경험해보는 것이 중요합니다. 공간 재구성과 정리정돈에 대한 물꼬를 한 번 트면 가족 모두가 함께 바꿔나갈 수 있습니다. 이렇게 되면 쾌적한 공간도 그만큼 오랫동안 유지할 수 있는 것입니다.

결핍을 채워주고
위로해주는 작은 선물

큰 가구나 비싼 물건들의 배치에 변화를 주거나 오랫동안 버리지 못했던 물건들을 버리는 것으로 마음의 치유를 얻는 사람들이 있는 반면에 작은 물건을 더해주는 것에서 큰 감동을 받는 사람도 많습니다. 저는 일의 특성상 늘 물건을 비우고 줄이라고 말하지만 정말 아끼고 좋아하는 물건, 요긴하게 사용하는 물건을 적절하게 소장하고 잘 관리하는 것도 아주 중요한 과정이라고 생각합니다.

얼마 전 찾아간 집은 아주 부잣집이었는데 화려한 가구와 값비싼 물건들에 비해 집 전체의 분위기가 조금 차가운 듯했습니다. 아무래도 블라인드의 색깔이 너무 차가운 색이어서 그런 것 같았습니다. 그래서 저는 일하는 도중에 근처 매장에 가서 따뜻한 느낌의 커튼을 사다가 달아주었습니다. 비싼 것은 아니었지만 집 안 분위기를 바꾸기에는 충분했습니다. 의뢰인은 커튼 하나만 바꿨는데 어떻게 집이 이렇게 따뜻해 보일 수 있느냐며 놀라워했습니다. 가격의 문제가 아니었습니다. 사는 사람에게 진짜 필요한 것이 무엇인지를 파악한다면 작은 변화 하나로도 집의 가치와 소중함을 한껏 끌어올릴 수 있습니다.

집 안 구석구석을 살피다 보면, 그분의 인생을 읽을 수 있습니다. 예전에 좋아했던 취미도 알게 되고, 어떤 특기가 있는지, 무엇을 중요하게 여기는지도 대충 파악이 됩니다. 얼마 전, 저는 방송 프로그램을 촬영하면서 의뢰인에게 이젤을 선물한 적이 있습니다. 예전에 즐겨 했던 취미생활을 다시 시작해보시면 좋겠다는 생각에 준비한 작은 선물이었죠. 이런 식으로 자신에게 의미 있는 물건을 선물하는 것은 아주 중요합니다.

누군가의 삶을 들여다보면, 결핍도 보입니다. 자신도 모르고 있었거나, 스스로를 보살피고 돌볼 여유가 없어서 애써 외면했던 그 결핍은 어쩌면 제가 '남'이어서 더 잘 보이는지도 모르겠습니다. 여러 가지 상황 때문에 오랫동안 손 놓을 수밖에 없었던 소중한 취미를 되찾아주는 것만으로도 많은 분들이 감동합니다. 남들에게는 별것 아닌 물건, 공간일 수도 있지만, 그 결핍을 채우고자 하는 사람에게는 대단히

좋아하는 공간에서 좋아하는 일을 할 수 있으면 즐거움이 배가된다.
그림 그리기가 취미인 의뢰인의 방에 이젤을 놓아주었다.

의미 있는 무언가로 다가옵니다.

자신이 정말 원하는 것이 무엇인지, 해보고 싶었던 일이 무엇인지 아직 모르겠다 싶다면, 스스로에게 꽃을 선물해보는 것도 추천합니다. 꽃 한 송이만 새로 들어와도 집 안의 분위기가 정말 많이 달라지기 때문이죠. 눈에 띄지 않았거나 휑한 느낌을 주던 가구에도 꽃을 놓으면 생기가 넘칩니다. 저도 작업이 끝나면 의뢰인들에게 꽃 선물을 자주 하는데, 대부분 반응이 좋습니다. 꽃을 받아본 지 몇십 년도 넘은 것 같다, 공간에 숨을 불어 넣어줘서 고맙다는 등의 감사인사가 끊이지 않습니다.

재물운이 좋아진다고 해서 해바라기 그림을 걸어둔 집도 많습니다. 해바라기의 노란 색이 집의 기운을 밝게 해준다는 뜻이 있어서라고 합니다. 물론 꽃 그림도 좋지만 저는 역시 생화가 최고라고 생각합니다. 그래서 저는 봄이면 꼭 프리지어를 의뢰인들에게 선물합니다. 걱정과 불안을 비워냈다면, 그 자리에 밝고 활기찬 기운을 채워 나가시길 바라는 마음에서 말입니다.

생화로 공간에 생기를 불어넣을 수 있다.
밝고 생기 있는 공간은 사람에게 좋은 에너지를 준다.

왠지 모르게 기운이 좋은 집

저는 풍수 전문가도 아니고 영혼이나 기운을 느끼는 사람은 더더욱 아닙니다. 하지만 워낙 많은 집을 다녀보니 한 가지 깨닫게 되는 것이 있습니다. '기운이 좋은 집'이라는 것이 분명히 있긴 있구나 하는 것 말입니다. 왠지 모르게 기운이 좋은 집은 위치가 좋은 집도, 가격이 비싼 집도 아닙니다. 그곳에 살고 있는 사람을 보면 알 수 있습니다. 만나 보면, 이 사람은 부자일 수밖에 없겠구나, 이 집은 잘될 수밖에 없겠구나 하는 생각이 절로 드는 순간이 있습니다.

최근에 만난 의뢰인 중 가장 인상 깊었던 분은 '신박한 정리'에 출연했던 배우 정은표 씨입니다. 수년 전 '스타주니어쇼 붕어빵'에 나올 때는 아이들이 어렸는데, 지금은 많이 커서 큰아이가 고등학생, 둘째가 중학생, 셋째가 초등학생이었습니다. 이 부부를 보며 정말 화목한 가정이구나 하는 생각이 들었습니다. 집이라는 공간에 가족 구성원들이 미치는 영향력이 얼마나 큰지도 실감할 수 있었습니다. 비록 정리정돈이 잘된 집은 아니었지만 부부의 이야기를 듣다 보니 그 자체로 참 따뜻한 공간이라는 생각이 들었습니다. 서로 배려하고 이해하는 마음이 깊고 가족을 위해 바쁘게 살다 보니 집을 정리할 타이밍을 놓친 것처럼 보였습니다.

저는 이 가족을 보면서 기운이 좋은 물건, 기운이 좋은 집이라는 것 역시 궁극적으로는 거기에 사는 사람의 마음에서부터 만들어지는 것이라는 답을 얻었습니다. 물론, 비워야 할 것은 비우고, 더 가치 있게 쓸 수 있는 공간은 그렇게 바꿔주는 것이 맞습니다. 그렇게 하고 나면 이들의 행복도 배가 될 테니까요.

촬영을 마치고 난 후에 정은표 씨를 한 번 더 만날 기회가 있었습니다. 저는 공간을 재구성하고 난 후에 불편한 점은 없느냐고 걱정하며 물었습니다. 최대한 의뢰인의 생활패턴에 맞춰서 공간을 재구성한다 해도 가구와 물건의 위치가 달라지면 어느 정도는 불편할 수도 있기 때문입니다. 그런데 정은표 씨는 매일 필요한 물건을 찾아가는 재미가 쏠쏠해서 설레고 즐겁다는 대답을 들려주었습니다. 심지어 아이들과 '물건 찾기 게임'도 한답니다. 그 말에 저는 다시 한번 느꼈습니다. 공간과 물건을 가치 있게 만들기 위해서는 그곳에 사는 사람, 그 물건을 사용하는 사람의 마음과 자세가 중요하다는 것을요.

감사하게도 이렇게 작업이 끝나고 저희에게 식사를 대접해주는 의뢰인도 참 많습니다. 사는 공간에 깊숙이 들어가서 사적인 것까지 많이 공유할 수밖에 없는 작업이다 보니, 며칠 만에 깊이 친해지기도 합니다. 그래서 따뜻한 집밥 한 끼로 감사함을 표현해주시는 분들이 많은 것 같습니다. 얼마 전에도 한 의뢰인이 직접 해주신 음식을 먹다가 눈물이 난 적이 있습니다. 그분도 바뀐 집의 모습을 보고 눈물을 많이 흘렸는데, 서로가 서로에게 큰 선물을 준 날이었습니다.

이렇듯 '기운이 좋은 집'은 무엇도 아닌 그곳에 사는 사람들이 만듭니다. 값비싼 장식품들과 고급 가구, 넓은 공간은 부수적인 요소일 뿐입니다. 언제나 공간을 공간답게 만드는 것은 그곳에서 일상을 보내는 사람들이라는 것을 잊지 않았으면 좋겠습니다.

나를 살게 해준 정리의 기적

공간 크리에이터로 인생 2막을 열면서 제 삶은 아주 많이 바뀌었습니다. 제가 진짜 원했던 일이 무엇인지, 정말 잘하는 일이 무엇인지 알게 되었고, 열정을 되찾게 되었습니다. 저에게 작업을 맡겨주시는 분들도 마찬가지일 것입니다. 어쩌면 저보다 더 많은 것이 바뀌었을 것입니다. 사는 공간을 바꾸는 것이, 결국은 나를 살게 만드는 일이라고 생각하는 이유입니다.

공간을 바꾸는 일은 때때로 누군가의 삶을 통째로 바꿔놓기도 하고, 다른 누군가에게는 잃어버렸던 삶을 되찾아주기도 합니다. 한번은 스스로 생을 마감하려던 분이 저에게 집 정리를 부탁한 적이 있었습니다.

그분은 소위 말하는 엘리트에 인물도 좋고 재력에 명예까지 모든 것을 가진 분이었습니다. 그런 분이 뜻밖에도 자살을 생각했다고 합니다. 그런데 마지막 순간에 아파트 난간에 서 있다가, 문득 자신이 여기서 뛰어내리고 나면 사람들이 모두 올라와 이 어수선한 집을 보게 될 텐데 하는 생각이 들었답니다. 죽는 것보다 남들에게 더러운 집을 보여주는 게 더 싫어서 집을 정리해놓고 나서 죽어야겠다고 결심했다는 것입니다. 그래서 공간 컨설팅이 정확히 어떤 것인지도 모르는 채로 저에게 작업을 의뢰했던 것이었습니다.

처음 작업을 위해 집을 찾았을 때는 저희도 물론 그런 상황을 알지 못했습니다. 필요 없는 물건이니 모두 버려달라는 말이 무슨 뜻인지도 몰랐죠. 누가 봐도 좋은 집에 비싼 물건들이 많았고, 사진 속의 가족들은 화목해 보였습니다. 어수선한 집이야 일하며 늘 봐왔던 것이었기 때문에 의뢰인이 생을 마감할 생각까지 했다는 것이 도무지 믿어지지 않았습니다.

그 집에서 저희 직원들과 3일간 작업을 했습니다. 그런데 어쩐 일인지 하루하루 의뢰인의 표정이 눈에 띄게 달라지는 게 느껴졌습니다. 마지막 날, 정리와 재구성을 마치고 최종적으로 스타일링 작업을 시작하려는데, 그분이 무언가 마음먹은 듯한 표정으로 저희 쪽으로 다가왔습니다. 그리고 사실은 자신이 집을 정리해놓고 죽을 생각이었다고 고백했습니다. 죽어야겠다고 생각하고 유품 정리하듯이 공간 컨설팅을 의뢰했는데, 3일 만에 그동안 살아왔던 공간이 180도 바뀌는 모습을 보면서 정말 많은 생각이 들었다고 했습니다. 다시 살고 싶은 의지가 생겼다는 것입니다. 그러면서 스스로가 너무 부끄럽고 죄송하다며, 정말 감사하다고 거듭 인사했습니다.

사람들이 부러워하는 모든 것을 가진 분인데, 왜 그런 생각을 할 수밖에 없었을까요. 속상한 마음도 들었지만, 한편으로 제가 하는 일이 한 사람의 소중한 삶을 되찾아준 것 같아서 뿌듯하고 다행스러웠습니다. 공간을 바꿈으로써 삶이 조금이라도 더 나은 방향으로 변화해갈 수 있다는 것, 그런 일에 제가 도움을 드릴 수 있다는 사실이 저에게는 그 무엇과도 바꿀 수 없는 큰 기쁨입니다.

18평 여섯 식구

제 일에 대한 자부심이 커질수록 더 많은 사람을 만나서 돕고 싶다는 마음도 커집니다. 한번은 단출한 집에서 새 출발을 하게 된 여섯 식구를 만났습니다. 60대의 어머님과 아들 하나, 딸 하나, 그 딸의 자녀 2명이 살고 있는 18평 남짓 작은 집이었습니다. 그렇게 거실에 어머님이, 방 하나에 아들이, 나머지 방 하나에 딸과 손주 둘이 지내고 있었습니다. 다른 지역에 살고 있던 막내딸이 저에게 연락을 주었는데, 따로 살던 언니와 오빠가 어머님과 한집에 살게 되었다고 했습니다.

아무래도 세 가족이 뭉치려다 보니 짐이 많을 수밖에 없었고, 무척이나 어수선한 분위기였습니다. 그러나 막내딸 역시 경제적으로 풍요로워 보이지는 않았고, 지금 가진 돈의 전부라며 저에게 100만 원을 건네주었습니다. 막내딸은 저에게 '이 금액으로 턱도 없다는 걸 알지만 가족들 모두가 너무 우울해하고 있어 꼭 좀 도와주셨으면 좋겠다'고 간곡하게 부탁했습니다.

그 막내딸의 마음이 예뻐서 내 동생, 우리 엄마의 집이라 생각하고 12명의 직원들과 하루를 꼬박 들여 작업을 해주었습니다. 작업이 진행될수록 놀랍게 변하는 집의 모습에 어머님도 너무나 좋아하셨습니다.

작업을 마치고 멀리 있는 막내딸에게도 달라진 집의 모습을 사진으로 전해주었습니다. 사진을 받아본 막내딸은 가족이 새로운 삶을 살 수 있도록 도와줘서 정말 고맙다며 연신 감사를 전했습니다. 돈을 떠나서 이렇게 누군가의 인생에 큰 의미가 될 만한 일을 하고 나면 직원들끼리 결속력도 커집니다. 가치 있는 일을 했다는 생각에 자부심도 높아지죠. 이런 긍정적인 기운이 다음 집에까지 연속적으로 영향을 미치는 것 같습니다. 이러한 자부심과 긍정적인 에너지는 저를 비롯해 저희 직원들 각자의 삶에도 좋은 기운을 줍니다.

정리해주는 사람의 삶도
함께 달라지는 기적

공간 컨설팅을 하면서 수없이 많은 의뢰인에게 기적을 선사했지만 정리를 해주는 입장에서도 많은 것을 경험하고 배울 수 있습니다. 저희 직원들 중에서도 정리를 통해 기적을 경험한 이들이 있습니다. 저희 팀장님이 그런 경우입니다.

과거의 팀장님은 내성적인 성향으로, 사람들을 만나고 친해지는 것을 어려워했습니다. 물론, 그래서 의뢰인을 만나서 응대하는 일도 초반에는 어렵게 생각했죠. 그러나 계속해서 의뢰인을 만나고, 이들의 이야기를 듣고 진심으로 공감하면서 그들의 공간에 머물다 보니 많은 부분에서 달라지기 시작했습니다. 다양한 사람들을 만나서 이야기 나누고 그분들의 물건을 다루는 일에서 매력을 느끼기 시작한 것이죠. 팀장님은 자신이 변해가는 모습이 제법 마음에 들고, 사는 게 재밌어졌다고 합니다. 다른 사람의 공간과 물건을 정리해주면서 그들의 인생이 달라지는 모습을 가까이에서 지켜보고, 자신도 변하게 된 것입니다.

출판사 편집부 출신인 실장님에게도 비슷한 이야기를 들었습니다. 실장님은 거의 20년 동안 책상 앞에 앉아 한 권의 책을 완성하기 위해 애쓰던 사람입니다. 독자를 위해 글을 쓰고, 교정을 보고, 타이틀의 위치와 이미지 배치 등을 생각하며 차분하고 정적인 작업을 해왔습니다. 그런데 이제 그녀는 책상 앞이 아닌 타인의 공간에 서서 그 공간에 머무는 사람을 생각하고 있습니다. 책 한 권을 완성하듯 가구의 배치, 물건의 수납, 스타일링으로 고객의 공간을 편집해냅니다. 책상 앞에서 잔잔하게 느끼던 보람과 감동을 현장에서 액티브하고 생동감 있게 전해 받고 있습니다. 그녀는 오늘도 고객들에게는 새로운 공간을, 본인에게는 새로운 인생을 선물하고 있습니다.

    일을 하면서 제가 중요하게 생각하는 것 중 하나가 바로 의뢰인과 전문가의 공감입니다. 의뢰인이 전문가를 신뢰하며 솔직한 이야기를 해주고, 전문가가 의뢰인의 이야기에 충분히 공감한다면 공간 재구성의 결과물이 최상일 수밖에 없기 때문입니다. 많은 이야기와 소중한 물건들을 공유한 뒤에 느끼는 묘한 연대감은 다른 무엇과도 비교할 수 없습니다.

Part 3   당신의 인생을 정리해드립니다

정리를 통해 번잡한 일상을 잊고
편안하게 쉴 수 있는 단순한 공간을 만들었다.

Part 3　당신의 인생을 정리해드립니다

쓰기에 불편하지 않으면서도
잘 정리된 공간은 얼마든지 가능하다.

Part 4

물건이 아닌 '사람'이 빛나는 공간

내 손으로 직접 해보는
우리 집 공간 컨설팅

정리의 순서는
한 공간을, 집중적으로, 드라마틱하게

이번 장에서는 우리 집을 구체적으로 어떻게 정리하면 좋을지 자세하게 설명해보겠습니다. 여러분의 공간을 각각의 역할에 맞게 재구성하겠다고 마음먹었다면, 무엇부터, 어디서부터 시작해야 할까요?

사실 처음 해보면 누구나 막막합니다. '아, 괜히 시작했나' 하며 그만두고 싶기도 하고요. 정해진 순서나 프로세스가 있는 건 아니지만, 저는 이럴 때 집 안 이곳저곳을 조금씩, 천천히, 띄엄띄엄 정리하는 것보다는 먼저 한 공간을 정해두고 그곳부터 '집중적으로, 빠르게' 정리해보라고 제안합니다.

예를 들어, 거실 한쪽에 작은 서재를 만들어 보려고 한다면 제일 먼저 공간에 맞는 적당한 가구를 배치하고 집 안 곳곳에 흩어져 있는 많은 책을 한데 모읍니다. 필요, 욕구, 정리로 나누어 '필요'로 분류한 책만 준비된 공간과 가구에 맞게 수납을 시작하는 것입니다. 가장 이상적인 거실 서재를 드라마틱하게 경험하게 되는 것이죠.

이렇게 정해진 공간 하나를 집중적으로 빠르게 정리하는 것이 조금씩 천천히 정리하는 방법보다 훨씬 효과적입니다. 매일 조금씩 해나가는 것도 좋지만, 그런 과정에서는 변화가 한눈에 보이지 않습니다. 때문에 '귀찮기만 하고 별로 달라지는 것도 없네' 싶어 금방 지치기 마련입니다.

집 안의 어느 한 공간이 순식간에 정리되는 것을 느끼고 나면 나머지 공간도 쉽게 정리할 수 있습니다. 가장 좋은 방법은 일주일에 한 번, 될 수 있으면 주말에 가족 모두가 함께 공간을 재구성해보는 것입니다. 정리의 기쁨과 공간 재창조의 놀라움을 함께 맛보는 것은 가족 모두에게 특별한 경험이 됩니다. 게다가 쾌적한 공간이 주는 행복을 한 번 느끼고 나면 가족 모두가 불필요한 물건을 더 이상 쌓아두지 않게 됩니다.

평소에 대대적인 변화를 만들어내기가 힘들다면 이사할 때야말로 최적의 타이밍입니다. 큰 가구를 일부러 재배치할 필요가 없어서 공간에 큰 변화를 주기에 훨씬 용이하죠. 물건을 비우기에도 아주 좋은 시기입니다. 새로운 집으로 이사하면서 이전 가구 배치를 그대로 답습하는 것은 너무 안타까운 일입니다. 이사를 앞두고 있다면, 아이들이 성장하는 속도, 집의 크기 변화, 이전 집 가구 배치의 문제점 등을 충분히 고민해본 후에 더 좋은 구성으로 바꿔보시기 바랍니다.

가구는 마지막에 버려도 된다

보통 '미니멀하게 살고 싶다', '집 정리를 한다'고 하면 많은 사람이 오래된 가구, 제 역할을 못 하고 있는 가구들을 먼저 버립니다. 이것이야말로 사람들이 가장 많이 저지르는 실수입니다. 무작정 가구부터 버리고 나면 그 안에 들어 있던 수많은 물건은 다 어디로 갈까요? 갈 곳을 잃고 바닥에 깔립니다. 결국 비슷한 새 가구를 들여야 이 문제가 해결됩니다. 가구를 사기 전에 다소 가격이 저렴한 바구니나 철재 수납장을 새로 구입하는 것도 마찬가지입니다. 가뜩이나 많은 물건이 더 많아지는 것이죠.

그러면 대대적으로 집을 정리할 때 가구는 언제 버려야 할까요? 불필요한 물건부터 버리고, 남겨두어야 할 물건들

오래된 장롱도 여유 공간을 마련해 잘 배치하면
익숙하면서도 낯선, 새로운 매력을 발견할 수 있다.

을 모두 정리한 후에도 필요 없는 가구가 있다면 그때 가구를 버리면 됩니다.

사실 안 쓰는 물건을 비우는 것만 잘해도 집은 충분히 훤해집니다. 알맞은 자리를 찾지 못하고 수납공간 바깥으로 삐져나온 물건들이 집을 계속해서 좁아지게 만들었기 때문입니다. 그리고 이런 경우에는 대체로 수납공간 안에 들어가 있던 물건들 중에 버릴 물건이 많습니다. 안쪽에 쌓여 있어서 있는 줄도 몰랐던 물건을 모두 처리하고 나면 바깥에 나와 있던 물건을 품목별로 정리해서 안으로 집어넣을 수 있습니다.

물론, 살다 보면 새로운 물건들이 계속해서 들어올 것입니다. 그때마다 미루지 말고 꾸준히 정리한 후, 3달이 지나도 필요가 없다면 그때 놀고 있던 큰 가구들을 버리는 것이 가장 좋은 방법입니다.

정리의 시작은
바구니가 아니다

'정리 좀 해볼까' 하고 마음먹은 사람들이 인터넷에 도움을 요청하면 각종 정리용품, 수납 바구니들이 쏟아져 나옵니다. 왜 정리를 하기도 전에 수납용 바구니부터 사라고 하는 걸까요? 똑같은 바구니들이 오와 열을 맞춰 진열되어 있으면 물론 보기 좋고 깔끔합니다. 하지만 바구니마다 품목을 일일이 써 붙이는 작업은 다소 피곤한 일이 될 수도 있습니다.

괜히 플라스틱 바구니를 또 사지 않고도 깔끔하게 물건을 정리할 방법이 있습니다. 제가 추천하는 가장 좋은 수납 바구니는 바로 제품이 들어 있던 기존의 제품 상자입니다. 제품 이름까지 친절하게 적혀 있고, 사이즈도 이미 최적화되어 있죠. 제품 상자에서 뚜껑만 깨끗하게 제거하면 그 자체로 훌륭한 보관함이 됩니다. 커피믹스, 영양제, 유산균처럼 스틱 모양으로 개별포장된 것들은 특히 다른 곳에 옮겨 보관할 필요가 없습니다. 제품을 다 사용하면 상자 역시 버리면 됩니다.

그런데도 수납용품을 꼭 구매하고 싶다면 저는 넉넉한 사이즈의 원목 수납장을 사는 것을 추천합니다. 바구니처럼 품목별로 물건을 나눠 담을 수 있게끔 칸이 잘 나눠져 있는 수납장이 좋습니다. 이런 원목 수납장은 집에 따뜻한 분위기를 만들어주기도 하고, 많은 양의 물건도 충분히 수납이 가능합니다. 스타일과 실용성을 모두 갖춘 것이죠.

공간은 넓고 물건도 없는데,
뭐가 문제지?

"우리 집에는 가구도 별로 없고, 물건도 많지 않은데 왜 이렇게 어수선할까요?" 많은 분들이 이런 질문을 합니다. 물건이 늘어져 있는 것이 아니니 수납만 잘한다고 해서 문제가 해결되는 것도 아닙니다. 무언가 안정감이 없고 불편한 느낌마저 든다면 가구 배치에 주목해보세요. 분명히 무언가 바꿔야 할 것이 있을 것입니다.

거실 전체를 한번 둘러봤을 때 어떤 느낌이 드나요? 매일 보는 거실이어서 잘 모르실 수도 있지만, '안 본 눈'이다 생각하고 다시 봤을 때 무언가 어수선하고 안정감이 없는 느낌이라면 '깔맞춤' 공간 디자인을 체크해보면 좋습니다. '깔맞춤'이라는 말은 패션 분야에서 주로 많이 쓰는데, 인테리어에도 여러모로 중요합니다. 프로방스 스타일, 북유럽

스타일, 인더스트리얼 스타일…, 이런 걸 따지라는 뜻이 아닙니다. 말 그대로 우리 집의 기본 컬러를 먼저 파악하고 가구, 소품을 같은 계열의 색깔로만 꾸며도 공간이 더 넓어 보입니다. 벽지, 몰딩, 문의 색깔과 가구 색깔이 잘 어울리는지를 먼저 파악하는 것이 중요합니다.

가구의 역할만큼 중요한
위치, 높이, 컬러, 재질

공간의 역할에 맞는 가구를 배치할 때 우선시해야 할 것은 가구의 위치입니다. 문을 열었을 때 제일 먼저 보이는 곳에는 높이가 낮고 환한 색감의 따뜻한 재질 가구를 배치하면 좋습니다. 예를 들어, 방 하나를 자녀의 놀이방으로 만든다면 문을 열었을 때 가장 먼저 보이는 곳에 낮은 책장을 배치하고 반대편에 높은 책장을 배치하는 것입니다. 이렇게 하면 좁은 공간이라도 훨씬 넓어 보입니다.

 마찬가지로 책장이나 서랍장 같은 수납용 가구는 웬만하면 아예 높이를 맞춰주는 것이 좋습니다. 집에 낮은 가구가 많다면 전체적으로 낮은 가구들을 한 공간에 모아서 배치해보세요. 높낮이가 다른 가구들이 흩어져 있는 것보다 훨씬 넓어 보일 것입니다.

공간의 입구를 넓게 확보하는 것도 중요합니다. 들어섰을 때 가구나 물건으로 시야가 막혀 있으면 똑같은 크기의 공간도 굉장히 답답하고 좁아 보일 수 있기 때문입니다. 예를 들어, 거실에 책장이 있는 집들이 있습니다. 이런 집들은 들어서면서 시선이 가장 먼저 닿는 정면에 책장을 놓기보다는 낮은 소파가 보이도록 가구를 배치해주면 좋습니다.

그리고 웬만하면 가구를 놓지 말아야 할 곳이 있습니다. 바로 거실의 복도 끝부분으로 방과 방 사이의 벽면입니다. 집에 가구와 물건이 많아지다 보면 이곳까지 가구를 놓는 경우가 많았습니다. 그러나 이곳은 집 안에 들어섰을 때 현관 다음으로 마주하는 곳이기 때문에 될 수 있으면 비워두는 것이 좋습니다. 이 공간이 비교적 넓으면 포인트가 되는 가구나 액자 하나 정도 걸어두면 좋습니다. 이때 가구는 양쪽 벽 끝을 기준으로 한가운데에 배치하는 것이 좋습니다. 그 가구가 공간의 전체적인 분위기를 형성하고 포인트가 되어 시선을 집중시킬 수 있기 때문입니다.

이렇게 가구의 컬러, 높이, 위치까지 확인했다면 이제는 가구의 재질을 살펴볼 차례입니다. 아주 특이한 공간이 아니라면, 가정집이나 사무실에서 쓰는 가구는 대부분 목재 아니면 철재입니다. 철재는 철재끼리, 목재는 목재끼리 모아주는 것이 좋습니다. 멀바우, 오크, 월넛 등 목재도 컬러가 다양한데, 비슷한 컬러로 톤을 맞춰주면 더욱 좋습니다. 나무로 된 가구는 따뜻하고 안정적인 느낌을 주는 반면에 철재는 차갑고 모던한 느낌을 줍니다. 대체로 원목가구는 침실이나 공부방에, 철재가구는 베란다나 주방에 두는 것이 잘 어울립니다.

마지막으로 동선을 고려해야 합니다. 무조건 집이 넓어 '보이고' 쾌적해 '보이는' 데만 집중하면 편안한 동선을 만들기가 어려울 수 있기 때문입니다. 게다가 그 집에서 수십 년씩 살아온 어르신이 계신 집이라면, 좀 더 세심하게 신경 써야 합니다. 동선을 편리하게 바꾸는 것도 좋지만, 기존에 익숙했던 가구 배치와 동선을 너무 다르게 바꿔버리면 오히려 불편하고 낯설어질 수 있습니다. 그런 경우에는 기존의 동선과 구조를 배려하면서 약간씩만 조정해 바꾸는 방법도 좋습니다.

집 안 분위기를 확 바꾸는
패브릭 소품, 가구 잘 고르는 법

집의 전체적인 분위기와 스타일을 바꾸는 가장 좋은 방법은, 앞에서도 설명했듯이 기본 컬러를 통일하고 포인트 컬러의 톤을 맞추는 것입니다. 그중 대표적인 것이 가구인데, 사실 가구의 컬러를 한 번에 전체적으로 바꾸기는 쉽지 않습니다. 이럴 때는 커튼이나 쿠션, 침구처럼 비교적 바꾸기 쉬운 패브릭 소품들을 활용하면 좋습니다. 패브릭은 컬러와 텍스처, 패턴만 잘 골라 통일감 있게 구성해도 집 안 분위기를 획기적으로 바꿀 수 있습니다.

가구를 고를 때도 식구들의 나이, 성별, 취향 등을 고려해야 하는데, 제 경우에는 유리보다 나무로 된 가구를 좋아합니다. 아무래도 아이들이 있는 집이다 보니 유리로 된 장식장이나 테이블이 자칫 깨지기라도 하면 너무 위험할 것 같고, 또 혈기왕성한 아이들이 유리로 된 가구에 부딪혀 다칠까 봐 걱정스럽기 때문입니다. 그리고 저는 책상이나 식탁 위에 유리판을 까는 것도 추천하지 않는데, 맨살에 차가운 유리가 닿아 선뜩선뜩한 느낌이 불편한 것 같습니다.

가구에 관해 한 가지 더 팁을 드리자면, 요즘 많이 나오는 북유럽 스타일의 장식장이나 서랍장, 콘솔 같은 가구는

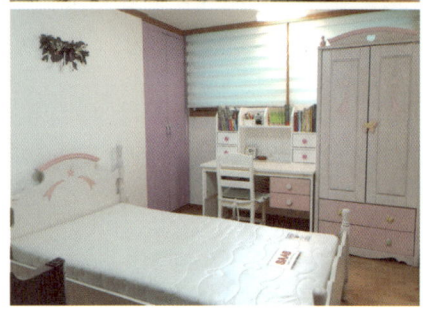

전체적으로 가구의 색감을 통일하면
공간이 더 넓어 보인다.

입구 쪽에 낮은 가구를 배치하고 가구의 높이를 통일하면
훨씬 안정감 있는 공간을 만들 수 있다.

아랫부분에 다리 달린 것을 되도록 사지 않는 게 좋다는 것입니다. 그런 가구가 예뻐 보일 수는 있어도 수납공간이 적어, 쓰다 보면 은근히 불편합니다. 그래서 저는 아랫부분이 바닥에 닿지 않는 가구는 웬만하면 사지 않습니다. 다리가 달린 가구는 튼튼하지 않을 가능성이 높고 청소하기에도 불편하거든요.

아이들 방에는 주로 침대, 책상, 책장, 의자 같은 것이 들어가는데, 연령에 맞지 않는 가구를 너무 빨리 사는 경우가 많습니다. 책상이 대표적입니다. 초등학교 입학선물로 많은 부모님이 으리으리한 책상부터 사곤 합니다. 아이들 책상을 검색해보면 아시겠지만, 책상과 책장이 일체형으로 붙어 있는 모델이 많습니다(가격도 비싸죠!). 물론 학년이 높아지면 이런 형태의 책상도 필요해집니다. 하지만 1학년 때부터 이런 책상을 쓰는 아이는 별로 없습니다. 저학년 아이들은 책장과 책상이 분리된 형태, 폭이 좁고 긴 테이블 형태의 책상을 더 편하게 사용합니다.

책상을 놓는 위치도 아이 연령에 따라 다릅니다. 일단 벽에 붙여야 한다고 생각하는데(다들 그렇게 하니까) 그보다는 방의 가운데 두거나 책장이 있다면 책장에 붙이는 것이 좋습니다. 아직은 독서실처럼 면벽수행(?) 하듯이 집중할 시기는 아닙니다. 앞쪽이 트여 있는 구조일 때 어린아이들은 훨씬 더 자유로운 분위기를 느끼고, 그러다보면 더 자주 자발적으로 책상에 앉습니다. 일단 앉아야 공부든 독서든 하겠죠.

아이들은 하루가 다르게 쑥쑥 커가는데, 1학년의 방과 6학년의 방이 똑같을 수는 없습니다. 저학년일 때는 엄마나 아빠가 나란히 앉아서 학습 진도를 봐주어야 하는 경우가 많아서 꼭 방에서만 공부를 시킬 필요도 없습니다. 거실 테이블이나 식탁을 공부 테이블로 쓰는 일이 많아지기 때문입니다. 그래서 많은 분들이 거실 레이아웃을 고민할 때 그 부분까지 감안해, 거실을 가족이 함께 공부하고 독서하기 좋은 구조로 만들어 활용해도 좋겠습니다.

숨은 공간까지 정리해야
완벽해지는 집

책장의 책 정리, 냉장고의 음식 정리, 신발장 정리, 액세서리 정리까지…. 작은 물건들일수록 정리가 어려운 것은 사실입니다. 그러나 이렇게 눈에 잘 띄지 않는 부분까지 정리해야만 진짜 공간이 바뀌었다고 말할 수 있습니다. 저 역시 수년간 많은 공간을 재구성하면서 의뢰인들에게 가장 많이 듣는 말 중 하나가 바로 이것입니다.

"와, 어떻게 이렇게 구석구석까지 정리가 잘된 거죠?"

지금부터는 그중에서도 가장 정리하기 까다로운 두 곳, 책장과 냉장고를 쾌적하게 만들어줄 노하우를 소개하겠습니다.

책장에 책을 꽂을 때는
시선이 먼저 닿은 곳을 여유 있게

책을 정리하는 기준은 사람마다 다릅니다. 분야별로 구분하기도 하고, 출간연도별로 구분하기도 합니다. 정말 책이 많은 경우는 출판사별로 정리하기도 하고(책을 많이 읽는 사람들에게는 출판사도 굉장히 중요한 기준입니다), 저자 이름이나 책 제목의 가나다순으로 정리하기도 합니다. 어떤 집은 책장마다 아빠 책, 엄마 책, 딸 책, 아들 책으로 관리자(?)를 정해놓고 책 주인에 따라 분류하기도 합니다.

특별히 선호하는 기준이 없다면 저는 가장 일반적인 방법을 추천합니다. 분야별로 구분하는 것입니다. 소설은 소설끼리, 여행서는 여행서끼리, 실용서는 실용서끼리 모아놓으면 한눈에 파악하기도 쉽고 찾을 때도 효율적이죠.

이렇게 나름의 기준으로 책을 분류하고 나면 어떻게 꽂느냐가 고민입니다. 대부분 한쪽 벽면을 가득 채우는 큰 책장에 정리하는 경우가 많은데, 저는 사람들의 시선이 가장 먼저 꽂히는 부분을 비워둡니다. 보통 성인남녀의 키가 150~175cm 사이라고 치면, 그 눈높이에서 제일 먼저 보이는 부분을 비워놓으라는 이야기입니다.

제가 참 좋아하는 가구가 '3×5 책장'입니다. 가로 3칸, 세로 5칸짜리 책장인데, 웬만한 집에는 다들 하나쯤 있을 것입니다. 아이들 방에도 꼭 하나씩은 들어가 있고요. 이 책장에는 총 15칸이 있는데, 위에서 말했듯이 성인 눈높이에 해당하는 중간 부분을 2칸 정도 비웁니다. 거기에는 책 대신 작은 화분이나 디퓨저, 사진 액자를 둡니다.

그렇게 하면 위아래로 책이 가득 꽂혀 있어도 왠지 숨통이 트이는 느낌이 듭니다. 시선이 먼저 닿는 곳에 일부러 숨 쉴 틈을 만들어주는 것입니다. 그러면 전체적으로 분위기가 환해지고 공간에 여유가 느껴집니다. 그리고 책장의 제일 아래쪽에는 각종 문서, 파일, 앨범처럼 무겁고 부피가 큰 서류들을 꽂아주는 것이 좋습니다. 복잡해 보이는 것들은 가장 아래쪽으로 내려 눈에 잘 안 띄게 만듭니다.

이제부터는 본격적으로 책을 꽂을 차례입니다. 책의 크기를 1차 기준으로 잡으면 좋습니다. 제일 큰 책을 아래에 정리하고, 위로 올라갈수록 작은 책을 꽂습니다. 만약 가지고 있는 책의 크기가 다 비슷비슷하다면 표지가 짙은 색깔의 책, 더 두껍고 무거운 책을 아래쪽에 배치하는 것이 좀 더 안정적인 느낌을 줍니다. 꺼내다가 떨어뜨려 다칠 일도 줄어들고요. 크기나 무게에 따라 몇 층으로 갈지 정했다면, 같

시선이 먼저 닿는 부분은 책으로 빼곡하게 채우기보다
액자, 화분, 소품 등으로 숨 쉴 틈을 준다.

은 층에 꽂힐 책들을 분야별로 나누면 좋습니다. 대부분이 한 분야의 책들이어서 분야를 구분할 필요가 없을 때는, 작가별로, 출판사별로, 연도별로 모으거나, 좋아하는 작품들을 따로 한 칸에 모으는 것도 좋습니다. 제가 아는 어떤 디자이너는 책등의 컬러별로 '깔맞춤'을 시도했는데, 책장 자체가 거대한 오브제처럼 보여서 굉장히 아름답고 인상적이었습니다. 일반적인 가정집에서 따라 해보기에는 어렵겠지만, '어둡고 무거운 컬러는 아래로' 보내는 기준 정도는 적용해보면 알게 모르게 효과를 거두실 것입니다. 꽂아야 할 책에 비해서 책장이 너무 크다고 해도 걱정할 필요 없습니다. 같은 크기의 상자에 수납할 물건들을 넣어서 책장 아래쪽 칸을 수납장처럼 쓰면 됩니다.

마지막으로 책장을 놓고 애매하게 남은 공간에는 원형의 통을 넣어두고 브로마이드나 포스터를 말아서 보관해보세요. 지적이고 스타일리시해집니다. 또 바퀴 달린 이동식 정리함인 '트롤리'를 갖다 놓고 활용해도 좋습니다. 주방의 6인용 식탁을 거실로 가져와 다용도 테이블로 사용할 때, 특히나 트롤리가 제 역할을 톡톡히 하게 됩니다. 간단한 문구용품이나 리모컨, 아이들 학습지 등을 트롤리에 담아 두면 테이블의 역할이 바뀔 때마다 그 위를 정리할 필요가 없어지니까요.

냉장고의 재발견

누가 여러분 집의 냉장고를 열어서 좀 보자고 하면 어떤가요? '창피해서 안 되는데' 쪽인가요? 아니면 '자랑하고 싶을 만큼 당당하다' 쪽인가요? 아무리 부지런해도 냉장고를 늘 청결하게 관리하기란 쉽지 않습니다. 저에게 정리를 의뢰하시는 분들 중에도 '냉장고 보여주기가 제일 부끄럽다' 하는 분들이 많습니다.

일단 냉장칸에는 유통기한이 지났거나 상해서 버려야 하는 음식들이 있죠. 냉동실은 거의 유물 발굴 수준입니다. 2~3년 전 명절 음식은 애교죠. 맛있게 먹어야 할 음식이 자꾸 버려지니 참 속상합니다. 좋은 방법이 없을까요?

먼저 냉장고에 음식을 보관할 때 제일 중요한 것은 '소분'입니다. 특히 냉동실에 음식을 보관할 때 소분은 필수입니다. 예를 들어, 다시마나 멸치, 북어포 같은 것들은 대부분 대용량으로 사기 때문에 요리할 때마다 손으로 집어서 넣기 마련인데, 이렇게 한번 손이 닿은 음식은 상하기가 쉽습니다. 아무리 건조된 상태라고 해도 자꾸만 상온에 나와서 녹았다 얼었다를 반복하는 것도 위험합니다.

귀찮더라도 냉동실에 들어갈 것들은 손바닥 크기의 지퍼백에 1회분씩 나눠 담아주는 것이 좋습니다. 냉장실의 과일도 마찬가지입니다. 과일들이 서로 붙어 있지 않게끔 비닐봉지에 1~2개씩만 나눠 담아두면 좋습니다. 양이 너무 많아서 도저히 소분할 수가 없는 경우라면 종이 쇼핑백에 옮겨 담는 걸 추천합니다. 코팅이 안 돼 있는 쇼핑백에 담아 냉장보관하면 훨씬 오래 신선한 상태를 유지할 수 있습니다.

또 냉장고에서 많이 버려지는 것 중 하나가 각종 드레싱과 1회용 소스들입니다. 피자나 치킨 같은 배달음식을 시켜 먹으면 따라오는 그 소스들 말입니다. 이런 소스들은 크기가 작기 때문에 따로 칸 하나를 정해두거나 보관용기를 놓아두면 좋습니다. 이렇게 정해진 곳에 모으면 오래된 것들을 주기적으로 버리기도 훨씬 수월해집니다. 모여 있으니까 눈에 잘 띄어 그때그때 쓰기 쉽고, 모아서 버리기도 쉽습니다.

이렇게 소분을 마쳤다면 본격적인 냉장고 정리의 첫 단계는 칸마다 보관할 음식의 종류를 정하는 것입니다. 사실 이건 집집마다 어떤 음식이 많이 들어가 있는지, 가족들이 무엇을 가장 좋아하고 자주 먹는지에 따라 달라질 수 있습니다. 주로 사용하는 사람의 키도 고려해야 하고요. 일반적인 경우를 말씀드리면, 잼, 소스, 간식류 등 부피가 작고 가벼운 것들을 냉장칸 제일 위 칸에 보관하는 것이 좋습니다. 그 아래 칸에는 반찬류, 제일 아래 칸에는 장류, 김치류가 들어가야 합니다. 아무래도 부피가 크고 무거운 데다 자주 꺼내지 않는 품목이기 때문입니다. 아래쪽 서랍에는 채소, 과일류가 들어가면 됩니다.

이렇게 층별로 카테고리를 나눠서 보관하면 냉장고를 열자마자 원하는 것을 찾기가 쉬워집니다. 냉장고 문을 오랫동안 열어두고 뒤적뒤적할 필요도 없죠. 유통기한이 지나기 전에 먹어야 할 음식이 뭔지, 요즘 어떤 식재료와 음식을 많이 안 먹는지를 파악하기 쉬워집니다.

냉동실의 경우도 칸마다 품목을 정해보세요. 아이스크림과 얼린 생선이 함께 뒤엉켜 있으면 아무래도 좋지 않겠죠? 아이스크림 등 간식이나 얼음을 제일 위 칸에, 두 번째 칸에는 냉동밥, 냉동식품, 셋째 칸에는 냉동과일, 건어물, 견과류, 맨 아래쪽에는 고기나 생선 등을 모아서 넣어두면 좋습니다. 특히 냉동실은 꽁꽁 얼어 있는 식품을 꺼내다 떨어뜨리면 다치기 쉬워서 무겁고 딱딱한 것들은 가급적 아래쪽에 보관하는 것이 좋습니다.

요즘은 4도어 냉장고를 많이 쓰고, 냉장고 따로 김치 냉장고 따로 쓰는 집도 많은 데다, 세컨드 냉동고를 사용하는 경우도 많습니다. 냉장고의 크기와 형태에 따라, 우리 가족의 취향과 선호에 따라 위생적이면서 안전하고 가장 쓰기 편한 분류가 어떤 방식인지 고민해보면 좋겠습니다.

'신박한 정리'에서 공개됐던 냉장고 정리 팁도 추천하고 싶습니다. 첫 번째는 '보관 용기 부피 줄이기'입니다. 자주 꺼내 먹는 반찬은 될 수 있으면 작은 통에 옮겨 담아주는 것이 좋습니다. 큰 통 여러 개에 조금씩 담겨 있는 같은 종류의 반찬이 있다면 모두 모아 칸막이가 있는 작은 통에 담아주세요. 보관 용기의 부피가 줄어들면서 냉장고를 열었을 때 반찬이 훨씬 더 눈에 잘 들어올 것입니다. 자주 먹는 반찬일수록 눈높이에 보관하는 것도 중요합니다. 그래야 꺼내기가 쉽고, 냉장고를 열 때마다 얼마나 남았는지를 확인하기도 편하기 때문이죠.

두 번째는 '냉장고 메뉴판 만들기'입니다. 냉장고 속 재료로 어떤 요리를 할 수 있는지 확인해서 냉장고 문에 적어두면 가족끼리 공유하기도 쉽고, 빨리 해치우고 싶은 마음이 들어 버리는 식재료도 많이 줄어듭니다. 물론, 메뉴판 만들기가 어렵다면 간단히 냉장고 속에 어떤 반찬, 간식, 재료들이 있는지만 적어놔도 좋습니다. 찾는 것이 있는지 굳이 냉장고를 열어서 뒤져보지 않아도 쉽게 확인할 수 있죠. 메뉴판을 만들 때는 냉장고 문에 붙이기 쉬운 자석 칠판 같은 아이템을 사용하면 좋습니다.

항상 깔끔한 욕실의 비밀은
'아무것도 없는 것처럼'

살림 잘하는 사람들도 어려워하고 귀찮아하는 것이 바로 욕실 관리입니다. 욕실은 필요한 물건을 바로바로 꺼내 써야 하는 곳이기 때문에 깔끔한 수납이 어렵고, 항상 물을 쓰는 공간이기 때문에 습기가 많아 곰팡이가 생기기도 쉽습니다. 관리하기가 어렵지만 또 가장 위생적으로 관리해야만 하는 욕실, 어떻게 정리해야 할까요?

아주 특이한 구조의 집이 아니고서야 대부분의 집은 욕실에 수납공간이 별로 없습니다. 그래서 욕실에 뭔가를 수납하겠다는 생각부터 버려야 합니다. 가장 좋은 것은 치약, 칫솔, 휴지 등을 1~2개만 놔두고 나머지는 모두 팬트리로 보내는 것입니다. 샴푸나 린스 같은 헤어제품도 마찬가지입니다. 이런 물건들은 대용량으로 사는 경우가 많기 때문에 더더욱 화장실에 보관하면 안 됩니다.

이렇게 여분의 생필품을 보관하는 장소나 보관함을 따로 정해두면 쓰던 것이 떨어졌을 때 남은 것이 있는지 없는지 일일이 엄마에게 확인해볼 필요도 없습니다. 누구라도 보관함에 가서 확인해보면 간단합니다. 변기 바로 위에 있는 수납장에는 여성용품이나 10개 이내의 휴지 정도만 넣어두는 것이 좋고, 세면대 위 수납장에는 치약, 칫솔, 비누, 그리고 수건 여러 장을 넣어두면 좋습니다. 일단 여분의 물건들은 모두 바깥에서 보이지 않도록 수납하는 것이 좋습니다.

그렇다면 수납장 바깥은 어떻게 정리할까요? 바깥에는 샴푸, 린스, 바디워시 등이 항상 나와 있습니다. 요즘은 샴푸, 린스 전용 디스펜서(공병)도 많이 파는데, 저는 그런 것을 새로 사기보다는 비교적 작은 용기에 담긴 샴푸, 린스를 사서 쓰고 난 다음 그 용기에 리필해서 쓰는 방법을 추천하고 싶습니다. 그러면 자리도 덜 차지하고, 가지런히 정리할 수 있어서 좋습니다. 그리고 샘플로 받아온 헤어제품이나 바디제품이 있다면 먼저 그것부터 쓰고 비우는 습관을 들이는 것이 좋습니다. 샘플로 소량 포장된 제품은 유통기한도 짧은 편이라 생기면 바로바로 써야 합니다.

그리고 대용량 샴푸를 쓰다 보면 질려서 끝까지 다 못 쓰고 다른 제품으로 바꾸는 경우도 많습니다. 워낙 새롭고 좋은 것들이 빨리, 자주 나오니까요. 그럴 때 또 버리기가 아까워서 그냥 계속 모아두는데, 그러지 말고 남은 샴푸는 화장실 청소할 때 빨리 쓰고 없애는 것이 좋습니다. 조금 남은 비누조각이나 바디워시 등도 마찬가지이고요.

그렇다면 샴푸, 린스 등은 어디에 두는 게 좋을까요? 가장 중요한 것은 바닥에 두지 말라는 것입니다. 바닥도 바닥이지만, 욕조가 있는 욕실에는 욕조 구석에 샴푸, 린스 등을 놓고 쓰는 경우가 많습니다. 그러면 물때가 껴서 정말 쉽게 더러워집니다. 청소할 때마다 일일이 들고 옮기는 일도 만만치 않고요. 항상 물이 묻을 수밖에 없는 물건들은 번거롭더라도 바닥에 구멍이 뚫린 작은 선반을 달아서 보관하는 것이 좋습니다. 선반을 달기가 어렵다면 바닥에 구멍이 뚫린 욕실용 바구니를 사용해도 좋습니다.

샤워할 때 사용하는 브러쉬나 샤워타월, 청소용 수세미도 사용한 후에 꼭 걸어두어야 합니다. 물기가 빠져야 하는데, 그냥 눕혀놓거나 축축한 상태로 놓아두면 곰팡이를 비롯해서 온갖 세균이 번식하는 집합소가 됩니다. 빨래집게나 S자 모양의 걸이를 활용하는 것도 좋습니다.

그리고 어린아이가 있는 집이라면 욕실에 장난감, 물놀

이 용품이 늘 있을 수밖에 없는데, 이런 것들 역시 바구니보다는 세탁망이나 그물형 주머니에 담아서 걸어두어야 찾기도 편하고 깨끗하게 관리할 수 있습니다. 이런 용품들은 욕실용품에 비해 비교적 무게가 가볍고, 역시 건조가 안 되면 금세 곰팡이의 온상이 되기 때문입니다.

또 욕실 청소용 세제나 변기 솔은 최대한 잘 안 보이도록 변기 뒤쪽 공간에 집어넣어서 보관하는 것이 좋습니다. 청소용 솔도 바닥에 뒹굴게 놔둘 것이 아니라 물기가 잘 빠질 수 있도록 안 보이는 뒤쪽 벽면에 작은 고리를 부착해 걸어두면 깨끗하게 보관, 관리할 수 있습니다.

수경재배 식물, 욕실 로망을 완성하는 신의 한 수

화장실이라고 하면 청소할 생각만 하지 어떻게 잘 꾸며볼까 하는 생각은 못 하는 게 현실입니다(청소 생각만 해도 골치가 아프니까요!). 저는 화장실에 수경재배 식물을 두라고 추천합니다. 기존 화초와 달리 수경재배 식물은 햇빛이 많이 필요하지 않으며 언제 물을 주었는지 고민하지 않아도 되니 욕실에서 키우기 참 좋습니다. 이런 식물들은 줄기를 물에 담가두기만 해도 굉장히 잘 자라는데, 냄새를 잡아주는 역할도 해서 일석이조입니다. 습한 곳을 좋아하는 식물들이라 욕실에서도 죽지 않고 잘 자랍니다. 분위기를 더 좋게 만들어주기도 하죠.

대표적인 수경재배 식물로는 테이블야자, 스킨답서스, 산호수 등이 있는데 청초한 꽃을 피우는 스파트필름은 화장실에서 키우기에 가장 좋은 식물로 습기에 강하고 암모니아 제거 능력이 탁월합니다. 싱고니움 역시 반그늘을 좋아하고 고온다습한 환경에서 잘 자라기 때문에 추천합니다.

그러나 무엇보다도 욕실은 습기를 잡아야 합니다. 대부분의 화장실이 쾌적하지 않거나 안락하지 않게 느껴지는 이유 중 하나는 '습식' 화장실이기 때문입니다. 요즘 새로 지은 집에는 건식 화장실이 많습니다. 리모델링으로 인테리어를 바꿀 때 욕실을 건식으로 바꾸는 경우도 많고요. 샤워부스나 욕조 이외의 바닥을 건식으로 관리하면 훨씬 쾌적하고 안락한 분위기를 만들 수 있습니다.

습식 화장실이어도 샤워부스가 따로 설치되어 있지 않은 화장실의 경우에는 칸막이 설치를 추천하고, 욕조가 있는 화장실의 경우에는 샤워 커튼을 활용해 바깥으로 물이 튀는 것을 막아주면 좋습니다. 앞에서 웬만하면 모든 욕실

수경재배 식물로 화장실의 분위기를
완전히 새롭게 바꿀 수 있다.

물건이 물기에 닿지 않게 관리하라고 했는데 욕조에 닿아 늘 축축한 상태일 샤워커튼 사용이 의아하다고 생각하셨을 수도 있습니다. 이런 단점은 샤워커튼을 욕조에 닿지 않을 정도의 길이로 자르면 간단히 해결됩니다.

    건식 화장실은 기존의 습식처럼 샤워기로 물을 뿌려가면서 청소할 수는 없지만, 써본 사람들은 다시는 습식으로 못 돌아간다고 말하기도 합니다. 각각 장단점이 다르니 가족들의 생활습관을 잘 고려해서 선택해야겠습니다.

주방이 카페가 되는 기적

우리는 누구와 만날 약속이 없어도 종종 카페에 갑니다. 책 한 권 들고 혼자 앉아서 커피를 마십니다. 우리는 왜 카페에 갈까요? 집에서 마셔도 되는 커피를 왜 굳이 카페에서 마실까요? 저는 일상의 소음과 번잡함을 잠시 끊어내고 널찍하고 편안한 공간에서 저 자신에게 휴식을 선물하기 위해서 카페에 갑니다. 좋은 사람을 만나면 더 좋고, 혼자여도 좋습니다. 압력솥처럼 터질 것 같은 머릿속도 정리하고, 잠깐 멍때리는(?) 시간을 가지면서 숨을 고릅니다. 그렇게 짧게라도 재충전하고 나면 다시 힘이 나고 흙탕물 같던 마음도 맑아집니다.

그래서 저는 주방이 넓은 집이라면 주방 한쪽을 카페처럼 꾸미고 힐링 스팟으로 활용할 것을 제안합니다. 만약 주방이 너무 좁다면(20~30평대 집이라면 사실상 주방을 카페로 만들기는 좀 어렵습니다) 무리하게 카페처럼 만들려고 하기보다는 효율적인 수납으로 공간을 좀 더 모던하고 시원하게 만드는 데 집중하면 좋습니다.

편리한 주방은 동선이 만들고, 깔끔한 주방은 수납이 만든다

사실 주방 가구는 취향에 맞게 이리저리 바꾸거나 옮기기가 어렵습니다. 싱크대, 냉장고 자리, 아일랜드 식탁 등이 이미 고정되어 있기 때문입니다. 드라마틱한 변화는 어렵겠지만 기본에 충실하면서도 만족도 높은 주방을 만들 수 있는 방법을 몇 가지 알려드리고자 합니다.

첫째, 어떤 형태의 주방이든 가장 이상적인 주방 동선은 준비대, 개수대, 조리대, 가열대, 배선대입니다. 냉장고에서 재료를 꺼내 다듬고, 세척하고, 조리와 가열을 동시에 하면서 마지막 접시에 놓기까지 모든 동선을 고려한 것이기 때문입니다. 가전배치와 물건수납까지 생각해 최적의 동선을 만들면 요리하는 사람의 효율성은 엄청나게 높아질 것입니다.

둘째, 주방에 식탁이 있다면, 식탁은 조명등 아래에 두어야 합니다. 그 집을 설계하는 단계에서부터 주방 조명등은 동선이나 밝기 등을 고려해서 가장 적합한 위치에 설치해두었기 때문입니다. 길쭉한 조명등이 달려 있다면, 식탁도 같은 방향으로 길게 놓는 게 맞습니다.

셋째, 만약 정해진 위치를 바꾸고 싶다면 식탁 대신 수납가구를 넣는 것이 좋습니다. 싱크대와 이어지도록 배치하면 효율적입니다. 앞서 말한 것처럼 요즘은 주방에 식탁을 두지 않는 집들이 많아졌기 때문입니다.

냉장고 자리는 어떨까요? 요즘은 대부분 주방에 냉장고 자리가 2개입니다. 그런데 1인 가구나 외식을 많이 하는 집이라면 냉장고를 2대나 놓고 쓸 일이 없어 자리가 하나 빕니다. 그 공간은 무조건 수납하는 용도로 쓰는 게 좋습니다. 문을 달거나 팬트리 수납장을 넣어서 자주 사용하는 주방용기구, 소형가전, 차, 커피, 식료품 등을 넣어두면 좋습니다. 이런 자투리 수납공간을 잘 활용하면 한층 더 깔끔한 홈카페 분위기를 낼 수 있습니다. 냉장고 자리는 안쪽으로도 깊숙하기 때문에 생각보다 넉넉한 수납공간이 생깁니다.

요즘 건강식품도 많이 드시는데, 가끔 보면 건강식품을 거실이나 안방에 보관하는 집이 많습니다. 이런 것들은 주방에 두는 것이 편리합니다. 주방에서도 잘 보이는 곳에 두어야 잊지 않고 챙겨 먹습니다. 저는 주로 정수기 옆을 추천하는데, 물 마시는 김에 한 번이라도 더 챙겨 먹을 수 있기 때문입니다. 한 번에 많은 양을 사는 건강식품의 경우, 만약 5통이 오면 4통은 안 보이는 곳에 잘 수납해두고 뜯어서 먹기 시작한 1통은 원래의 제품 상자째로 입구만 깔끔하게 뜯어서 제품명이 보이게 보관하는 것을 추천합니다. 요즘에는 스틱형으로 자르는 부분이 따로 만들어져 있는 제품도 많이 나오는데, 이런 제품은 보관하는 장소에 작은 가위를 함께 두는 것이 좋습니다. 이렇게 해두면 먹을 때 가위를 가져와야 하는 불편함이 줄어, 거르지 않고 건강식품을 먹을 수 있게 됩니다. 가족의 건강을 챙기는 간단한 팁이라고 할 수 있죠.

구급 약품 보관도 마찬가지입니다. 건강식품과는 구분되도록 보관하는 것이 좋고, 구급함에 넣어서 보관하기보다는 위급상황에 빨리 찾아서 사용할 수 있도록 눈에 잘 띄는 곳에 뚜껑 없는 바구니를 사용해서 보관하는 것이 좋습니다.

그런데 주방용품이 지나치게 많은 주방은 아무리 안쪽 수납공간까지 잘 활용해 정리를 해도 큰 물건들이 바깥에 나와 있어서 전체적으로 분위기가 어수선해질 수밖에 없습니다. 이렇게 주방에 지나치게 많은 물건이 쌓이는 걸 막기 위해서는 주방 기구나 기계를 구매할 때 여러 가지 기능이

주방은 수납이 정말 중요하다.
수납장이 부족하거나 식기를 넣고 빼기가 어려우면 피로도가 급격히 높아진다.

있는 것보다 한 가지 기능이 탁월한 것을 고르는 것이 좋습니다. 여러 가지 기능이 있는 제품들은 내구성이 약해 고장 날 위험도 크고, 자주 사용하지 않게 될 가능성도 높기 때문입니다. 하나를 사면 여러 개가 함께 오는 세트 상품 역시 마찬가지로 '비추'입니다. 정말로 꼭 필요한 물건 하나만 신중하게 선택해야 그 물건도 오래 쓰고, 주방도 쾌적하게 관리할 수 있습니다.

포인트 아이템으로
스타일리시하게!

어느 정도 정리를 마쳤다면 이제 주방을 스타일리시하게 만드는 방법을 소개하겠습니다. 한동안은 스탠드가 굉장히 핫했습니다. 그러나 스탠드 말고도 주방 분위기를 확 바꿔줄 다양한 방법들이 있습니다. 저는 주방에 그림 거는 것을 정말 추천합니다. 아니면 주방 한쪽 벽면을 산뜻한 컬러로 페인팅해서 분위기를 바꿔보는 것도 좋겠습니다. 주방에서 식사를 자주 하는 집이라면 이곳에 먹음직스러운 과일 그림이나 원색 이미지를 거는 것이 좋고, 식사보다 책을 읽거나 일하는 경우가 더 많다면 차분한 느낌을 주는 그림을 걸거나 안정감 있는 컬러 페인트로 벽면을 칠하면 좋습니다.

 책을 좋아하는 분이라면 주방 한쪽 벽면에 책장을 놓아도 분위기가 달라집니다. 고정관념을 깨고 공간만 허락한다면 주방에도 얼마든지 책장을 놓을 수 있습니다. 자주 읽는 책들을 책장에 진열하면 정말 북카페 같은 분위기도 연출됩니다. 식탁이 북카페 테이블이 되는 것이죠. 그러나 이 공간이 주방임을 잊어서는 안 됩니다. 지나치게 많은 책보다는 요즘 즐겨보는 책, 아이들의 학습에 도움이 될 만한 관련 도서 정도를 수납하는 것이 좋습니다.

고소한 커피향이 가득하고 내가 좋아하는 음악이 흐르는, 가족을 위해 손수 만든 디저트가 있는 우리 가족의 홈카페. 생각만 해도 설레지 않나요? 이런 공간도 어렵지 않게 만들 수 있습니다. 큰 공간도 필요 없습니다. 일반적인 아파트 구조에서는 아일랜드 식탁이 있는 위치에 정수기를 두고 이곳을 나만의 홈카페로 바꿀 수 있습니다. 이곳 상하부 수납장, 그리고 옆 공간이 비어 있다면 이곳을 수납공간으로 활용하는 것이 좋습니다. 커피머신, 잔, 차 관련용품을 이곳에 두면 동선까지 고려한 완벽한 홈카페가 완성됩니다. 앞서 소개한 냉장고 자리가 비어 있지 않은 집에서는 이런 구성이 오히려 안정적일 수 있습니다. 공간을 많이 차지하지 않는 '바 스툴'을 두는 것도 추천합니다. 멀리 가지 않아도 나만의 힐링 공간이 우리 집 안에 생기는 것입니다.

마지막으로 주방에서 중요한 곳이 싱크대입니다. 설거지하는 공간은 어느 곳보다도 밝아야 하는데, 상부 수납장 때문에 그늘이 지거나 위치상 빛이 닿지 않아 어두울 수 있습니다. 그런 상황이라면 꼭 조명을 달아야 합니다. 그릇도 닦고 식재료도 씻는데, 싱크대가 어둑어둑하면 안 되겠죠? 싱크대 조도를 꼭 체크해보시기 바랍니다. 조명의 조도와 색감을 약간만 바꿔도 분위기가 확 달라질 수 있습니다.

주방에 그림을 걸거나 책장을 배치하면
우리 가족만의 특색 있는 주방을 만들 수 있다.

"어머, 내 옷장이 편집숍이 되었네."

'왜 사도 사도 입을 옷이 없는가!' 철이 바뀔 때마다 이런 고민 안 하시나요? 그런데 이런 고민이 무색하게도, 우리나라 사람들은 옷이 정말 많습니다. 제가 많은 댁에 방문해보면 다들 나만의 '천벌동굴'을 가지고 사는 듯합니다. 다들 '옷 정리'가 숙원사업이라고 하고, 넓은 드레스룸을 보면 자신도 모르게 눈을 떼지 못합니다.

다른 건 다 버려도 옷만은 절대 비울 수 없다면, 어떻게 정리하는 게 좋을까요? 늘 사도 사도 입을 옷이 없는 이유가, 혹시 정리가 안 되어서는 아닐까요? 옷을 비롯해서 신발, 가방, 액세서리 같은 패션소품이 많은 분들께 꼭 필요한 정리의 기술을 소개합니다.

걸어서, 색깔별로, 잘 보이게

이렇게 옷을 좋아하고 소중히 여기는 사람에게는 무조건 드레스룸이 있어야 합니다. 드레스룸으로 만들 공간을 확보했다면 방에 들어섰을 때 처음 보이는 벽면에는 문이 있는 옷장, 반대쪽에는 시스템행거를 설치합니다. 그리고 그 사이 벽면에는 창을 가리지 않을 정도 높이의 폭이 넓은 6칸짜리 서랍장을 배치합니다.

이렇게 수납공간이 나뉘었다면 이제 옷을 계절별로 분류하는 것이 좋겠습니다. 지금 계절이 여름이라면 시스템행거에 여름옷을 걸어두고 옷장에는 겨울옷을 수납합니다. 반대로 지금이 겨울이라면 시스템행거에 겨울옷을, 옷장에 여름옷을 보관합니다. 이렇게 하는 것이 옷을 찾아 입기에 편리합니다.

계절에 따라 구분한 옷은 또 용도별, 종류별로 구분해줘야 합니다. 그리고 웬만하면 옷걸이에 걸어서 보관하는 것이 좋습니다. 보기에도 깔끔하고, 찾아 입기에도 편리하니까요. 옷도 잘 보이는 곳에 있어야 자주 꺼내 입을 수 있고, 자신이 얼마나 많이 가지고 있는지를 파악할 수 있습니다. 그래야 비슷한 옷을 또 사는 실수를 막을 수 있습니다.

단, 겨울옷 중 패딩이나 모직 코트 같은 외투는 부피가 크기 때문에 많이 걸어두면 어수선해 보일 수 있습니다. 이런 옷은 팔 부분이 덜렁거리지 않도록 양쪽 소매를 주머니에 꽂아두면 고정되어 훨씬 깔끔해집니다.

물론 개어서 보관해야 하는 것도 있습니다. 속옷, 양말, 니트, 청바지류는 개어서 보관하는 것이 좋은데, 가운데 배치해둔 6칸짜리 서랍장에 수납하면 됩니다. 니트는 눕혀서, 청바지는 세로로 넣으면 효율적입니다.

이렇게 계절별로 양쪽에 옷을 구분했다면 '깔맞춤'을 시도해보는 것도 좋습니다. 그것만으로도 공간이 한층 더 넓어 보입니다. 모든 공간에 해당되는 팁이지만 특히 옷 정리를 할 때는 더더욱 중요합니다. 연한 컬러의 가벼운 옷, 봄옷과 여름옷을 방 입구 쪽에 걸면 같은 공간이라도 더 훤해 보입니다. 연한 색은 바깥쪽에 걸고, 안으로 들어갈수록 진한 색의 옷을 걸어두는 것입니다. 24색 크레파스를 떠올려보면 쉬울 것입니다. 흰색부터 노란색, 초록색, 빨간색⋯ 마지막은 검은색 옷으로 마무리하는 것입니다. 가족이 많은 집이라면 계절별로 구분하는 데서 더 나아가 사람별로 구역을 나누는 것도 중요합니다.

옷을 모두 걸어서 보관하려면 아무래도 옷걸이가 중요합니다. 코트나 가죽 재질의 외투는 두껍고 튼튼한 옷걸이를 사용해야 옷의 형태가 잘 유지됩니다. 하지만 보통의 티셔츠는 얇은 옷걸이를 사용하여 좀 더 많이 걸면 공간도 절약되고 좋습니다. 옷걸이도 옷과 마찬가지로 같은 디자인끼리 모아서 사용하면 훨씬 깔끔해 보입니다. 그런데 옷 정리를 시작하기도 전에 옷걸이부터 사는 분들이 많습니다. 저는 그러지 말고 옷을 충분히 정리하고 난 다음에 필요한 만큼만 구입하라고 조언합니다.

그리고 옷과 관련된 제품, 기구들은 같은 공간에 두면 편하게 사용할 수 있습니다. 스타일러, 다리미, 보풀 제거기 등 말입니다. 마지막으로 뜯지 않은 새 상품이나 소장용 상품, 거의 입지 않지만 보관해두어야 하는 한복 같은 것은 한곳에 모아서 서랍장에 보관하면 좋습니다.

제가 옷 정리에 관해 '비추'하는 것이 있는데, 대표적인 것이 압축팩입니다. 압축팩 안에 보관된 옷은 영영 입지 않게 될 가능성이 큽니다. 압축해놓으면 부피는 줄어도 형태가 망가지기 쉽습니다. 그야말로 자리만 차지하는 '짐'이 되어버리는 것이죠.

옷을 좋아하는 사람들은 액세서리와 소품도 많기 때문에 관리법이 따로 필요할 것입니다. 모자, 가방, 신발은 기존 형태를 유지시키는 것이 중요합니다. 모자는 캡 부분을 최대한 살려 서랍장에 넣는 것이 좋습니다. 가방은 신문지나 에어완충재를 적당히 넣어 모양을 잡아 준 후 더스트 백으로 포장하여 보관하고, 신발 역시 신발장에 넣을 때, 테이크아웃 종이컵이나 커피캐리어 등을 이용해 형태가 망가지지 않게 보관하는 것이 좋습니다. 벨트와 스카프, 목도리는 축 늘어뜨려 문에 걸어두기보다 돌돌 말아 상자에 보관하면 좋습니다.

물론, 이렇게 하기 위해서는 공간이 어느 정도 확보되어야 합니다. 가지고 있는 물건에 비해 공간이 턱없이 부족하다면 내게 허락된 공간의 크기에 맞춰 물건 수를 조절하는 과정이 필요합니다.

드레스룸이 없다면
옷장을 활용하자

여러분은 어떤 스타일의 드레스룸을 꿈꾸나요? 핫플레이스에 있는 유명 편집숍처럼 꾸며진 나만의 공간에서 옷을 고르는 상상을 해본 적 있나요? 생각만으로 벌써 행복해진다는 분도 많을 것입니다. 꼭 으리으리한 드레스룸일 필요는 없습니다. 그만큼 옷을 아끼고 사랑한다면, 우리 집 옷장을 편집숍처럼 꾸며보는 건 어떨까요? 지금부터 앞으로 한두

신발은 테이크아웃 종이컵이나 커피캐리어 등을 이용하면 좋고, 목도리나 스카프, 벨트는 돌돌 말아 보관하면 효율적이다.

달 이후까지 입기에 딱 좋은 옷들을 골라서 상의와 하의, 외투, 가방까지 세트로 맞춰 걸어두는 것입니다. 공간뿐만 아니라 옷의 가치까지 함께 높아질 것입니다. 아침마다 뭘 입나 고민하는 시간을 줄일 수도 있고요.

이렇게 따로 드레스룸을 만들 수 없는 상황이라면 옷장을 잘 활용하면 됩니다. 이런 경우에는 지금 안 입는 옷을 다른 공간에 함께 수납해야 하는데, 드레스룸처럼 옷만 보관하는 것이 아니다 보니 옷이 다 보이는 행거보다는 옷이 보이지 않는 옷장이나 서랍장을 활용하는 것이 깔끔합니다.

옷장은 가능하면 천장까지 꽉 차는 높이가 좋고, 서랍장은 폭이 깊은 것이 중요합니다. 수납은 양과의 싸움이니까요. 보통 안방에 화장실이 붙어 있기 때문에 옷장은 안방에 있는 것이 좋고, 옷장만으로 수납이 부족할 때는 침대 아래에 수납공간을 마련하거나 침대 하부 서랍장이 있다면 이것을 활용하는 것도 좋습니다.

이렇게 드레스룸이 따로 없는 집은 아무래도 옷을 한꺼번에 모두 걸어둘 수 없기 때문에 계절이 바뀔 때마다 옷 정리를 해줘야 하는데, 이것도 보통 일이 아닙니다. 옷 정리를 좀 더 수월하게 하기 위해서는 입지 않는 옷을 잘 보관해두는 것이 중요합니다. 앞에서 이야기했듯이 압축팩보다는 안이 보이는 리빙박스에 라벨을 붙여두는 것을 추천합니다. 이렇게 정리해두면 계절마다 옷 정리를 할 때 찾는 옷이 어느 박스에 담겨 있는지가 한눈에 보입니다. 그래서 좀 더 효율적으로 정리할 수 있습니다.

이 상자들을 어디에 보관해야 하는지도 고민이 되는데, 옷 정리할 때의 동선을 고려해서 습기가 없는 베란다나 팬트리 자투리 공간에 깔끔하게 수납하는 것이 좋습니다.

Tip
소중한 내 옷, 찾기 편하고 안 망가지게 관리하는 법

- **먼저, 옷방의 공간을 나누자**

    방에 들어갔을 때 처음 보이는 벽면에는 문이 있는 옷장을, 반대쪽에는 시스템행거를 설치하는 것이 좋다. 양쪽 사이 벽면에는 폭이 넓은 6칸짜리 서랍장을 배치하여 속옷, 양말, 니트, 청바지류를 보관하면 좋다.

- **잘 보이게 걸어서 보관해야 찾아 입기 편하다**

    옷은 옷걸이에 걸어서 보관하는 것이 보기에도 깔끔하고 찾아 입기도 편하다. 옷걸이도 같은 디자인끼리 통일해서 사용하면 보기 좋다. 단, 옷걸이는 버릴 옷과 남길 옷을 정리한 후에 준비하는 것을 추천한다.

- **안으로 들어갈수록 어두운 컬러로**

    연한 컬러의 가벼운 옷, 봄옷과 여름옷을 방 입구 쪽에 걸면 같은 공간이라도 더 훤하고 넓어 보인다. 흰색부터 검은 계열까지 색깔별로 정리하면 보기도 좋고 찾기도 편하다.

- **방충제는 위쪽에, 방습제는 아래쪽에**

    옷장에 방습제를 넣어두었다면 잊지 말고 주기적으로 교체해주자. 장마철 등 습도가 높아지는 시기에는 한 번씩 드레스룸 문을 닫고 안에서 제습기를 돌려주면 좋다. 옷장용 방충제를 사용하는 경우도 많은데, 방충제는 옷장 위쪽에 걸고 방습제는 아래쪽에 두는 것이 효과적이다.

- **액세서리류는 형태를 유지해서 보관하자**

    모자는 캡 부분이 휘거나 찌그러지지 않게 서랍장에 넣어 보관하고, 가방은 신문지를 넣어서 모양을 잡아준 후 더스트 백에 넣어 보관하자. 신발 역시 테이크아웃 종이컵이나 커피캐리어 등을 사용하면 형태가 망가지지 않게 보관이 가능하다.

Tip
우리 가족 건강을 책임지는 깔끔한 주방 만들기

- **독한 약품 안 쓰고 가스레인지, 전자레인지를 깨끗하게**

    가스레인지 위에 베이킹소다를 뿌리고 분무기로 물을 뿌려 적셔둔다. 20분 후 수세미로 닦아주면 찌든 때가 깔끔하게 제거된다. 전자레인지는 독한 약품으로 청소하면 안 되는 곳 중 하나인데, 식초를 활용하면 좋다. 그릇에 뜨거운 물을 담고 식초를 반 컵 정도 타서 5분간 돌려주면 냄새가 사라진다. 전자레인지를 잠시 열어두었다가 뜨거운 기운이 없어졌을 때 곧바로 내부를 닦아주면 찌든 때도 쉽게 제거할 수 있다.

- **버리는 식용유로 기름때를 녹인다**

    너무 오래되었거나 버려야 하는 식용유가 있다면 주방 환풍기 거름망 청소하는 데 쓰자. 거름망에 기름을 넉넉히 뿌리고 수세미로 문질러주면 기름때가 녹아 쉽게 벗겨진다.

- **냉장고 냄새 잡는 식초, 숯, 커피**

    행주에 식초를 적셔 냉장고 내부를 닦으면 곰팡이와 퀴퀴한 냄새를 없앨 수 있다. 청소 후에는 숯이나 원두커피 찌꺼기(말려서 사용하면 더 좋다)를 넣어두면 냄새를 흡착한다.

- **반짝반짝 싱크대의 비결은 치약**

    싱크대 수전은 버리는 칫솔에 치약을 약간만 묻혀서 손잡이 부분과 물이 나오는 부분을 닦아주면 좋다. 싱크볼도 치약으로 닦으면 새것처럼 반짝반짝해진다. 식초나 구연산을 물에 희석해 닦아주는 것도 좋다.

- **건강식품, 구급함은 쉽게 손이 닿는 곳에**

    건강식품, 비타민 등을 정수기 옆에 두면 잊지 않고 챙겨 먹기 좋다. 구급 약품은 위급한 상황에 빨리 찾아서 써야 하기 때문에 뚜껑 없는 바구니에 넣어 눈에 잘 띄는 곳에 두면 좋다.

- **주방이 넓든 좁든 이상적인 동선을 따라야 일이 편하다**

    이상적인 주방 동선은 준비대, 개수대, 조리대, 가열대, 배선대 순서다. 이 순서가 꼬이면 요리하는 과정이 불편하고 효율이 낮아진다.

부록

우리 집에 이런 잇템은 꼭 필요하다!

- **커튼**

    집이 차가운 느낌이라면 커튼을 고려해볼 수 있다. 먼지, 알레르기, 세탁의 번거로움 때문에 한동안은 커튼 대신 블라인드를 선호하는 사람이 많았지만 집 안의 전체적인 분위기를 좌우하는 데는 커튼만큼 중요한 것이 없다. 인테리어 초보들에게는 화이트 컬러를 추천한다.

- **조명**

    우리 집만의 분위기를 만들기 위한 최고의 아이템은 조명이다. 자리를 많이 차지하지 않아서 공간활용도가 높고, 시각적인 효과도 극대화시킬 수 있는 아이템이다. 조명의 종류는 천차만별이지만 다소 부담스러울 수 있는 스탠드보다는 어디에나 무난하게 어울리는 탁상 조명이나 부착형 조명을 추천한다. 집 전체를 밝게 해주는 LED 조명도 좋다. 따뜻하고 편안한 느낌을 주고 싶다면 주백색이나 전구색, 시원하고 모던한 느낌을 주고 싶다면 주광색 조명을 선택하는 것을 추천한다.

- **거실장**

깔끔한 거실을 원한다면 꼭 있어야 하는 가구다. TV 유무와 상관없이 거실에는 거실장이 있어야 이런저런 물건을 수납할 수 있다. 특히나 거실에서 보내는 시간이 많은 집에서는 아주 실용적이다. SNS나 잡지에 나오는 집들이 깔끔해 보이는 이유기도 하다. 다만, 컬러나 재질을 선택할 때 집의 전체적인 톤에 맞춰 구매하는 것이 중요하다.

- **서랍장**

개어서 보관해야 하는 옷들은 바구니, 라탄 수납장, 리빙박스에 수납하는 것보다 제대로 된 서랍장에 수납하는 것이 좋다. 최근에는 옷을 거는 형식의 드레스룸이 많다 보니 서랍장이 없는 집이 많은데, 철재나 플라스틱이 아닌 폭이 넓은 원목 서랍장을 추천한다. 맨 위 칸에 화장품을 넣고 거울을 놓으면 화장대로도 손색없다.

- **이젤형 TV거치대**

    가구를 재배치할 때 가장 큰 장애물은 바로 TV다. 특히나 벽걸이 TV는 더더욱 어렵다. 바로 이때, 이젤형 TV거치대가 도움이 된다. 이동도 편리하여 인테리어를 하기에도 좋다. 이젤형 TV거치대는 다리가 삼각형 모양으로 3개인 모델과 양쪽에 2개씩, 4개인 모델이 있으니 더 선호하는 것으로 구매하면 된다.

- **트롤리**

    가구도, 수납 용품도 아니지만 다용도로 활용되는 정리 아이템이다. 층별로 카테고리를 나눠서 물건을 수납할 수 있고 바퀴가 있어서 이동도 가능하다. 거실에 다용도 테이블을 배치했다면 트롤리에 문구용품, 책, 아이들 학습지, 리모컨, 물티슈 등을 보관하며 테이블 위를 항상 깔끔하게 유지할 수 있다. 거실이 아니더라도 다른 공간에서 청소도구함, 세탁 세재 수납함, 야채 보관함 등으로 다양하게 활용이 가능한 가성비 좋은 아이템이다.

- **걸이형 쓰레기통**

    주방 싱크대나 테이블에 걸어두고 사용할 수 있는 쓰레기통이다. 대형부터 소형까지 크기도 다양하다. 평소에는 접어

놓았다가 사용할 때만 펼칠 수 있어서 냄새 걱정 없이 사용할 수 있다. 주방에서는 요리 후에 멀리 이동하지 않고도 바로 쓰레기를 버릴 수 있으니 편리하다. 욕실이나 화장대에도 걸어두고 사용할 수 있다.

- **케이블 타이 / S자 걸이**

  욕실이나 뒷베란다처럼 물을 사용하는 공간에서 물건들을 케이블 타이에 걸어두면 좋다. 더불어 S자 걸이도 다용도로 활용할 수 있다. 쓰레기봉투를 보관할 때도 케이블 타이로 묶어놓으면 정리하는 시간을 절약할 수 있다.

- **꼭꼬핀**

  간단히 벽에 꽂은 후에 액자나 시계를 걸 수 있는 아이템이다. 벽에 못을 박기 힘들 때 사용하면 좋다. 현관 가까이에 꽂아두고 마스크나 자동차 키를 거는 용도로 사용하는 것도 좋다. 흰색이 대표적이지만 최근에는 우드 꼭꼬핀도 있어, 벽지 색이나 집 분위기에 맞춰서 구매하면 좋다.

감사의 말

"지금을 즐겨!"

일요일 아침마다 늦잠 자는 딸들을 깨워 야외로 나가, 변화하는 산과 들을 보며 흐르는 물의 감촉을 느끼고 자연의 냄새를 맡아보라 했던 친정아버지.

"늘 당당해라!"

외모, 학벌, 재산보다 더 중요한 건 시작할 수 있는 용기라며 작은 일에도 칭찬을 아끼지 않았던 친정어머니.

"대학원 공부 시작한다고? 사업확장으로 서울 올라간다고? 우리 며느리 하고 싶은 것 다 해."

최고의 서포터 시어머님.

"걱정하지 마! 넌 할 수 있을 거야, 혹시 안되면 다 엎고 내려와. 무슨 걱정이야 내가 있는데!"

든든한 버팀목이 되어준 남편.

"엄마가 즐거워하는 모습을 보면 우리도 즐거워. 조금이라도 즐겁지 않으면 돌아와, 알겠지?"

"엄마 모니터해 보니까 웃을 때 이중턱 되더라. 신경 써서 웃어야 될 것 같아."

"나도 엄마처럼 하고 싶은 것 다 하고, 좋아하는 일 하면서 웃음을 주는 사람이 될래."

아낌없는 지지를 보내주는 아이들.

"대표님, 대구는 걱정 마시고 서울 올라가세요. 친정 언니 같은 마음으로 고객들에게 최고의 주거공간을 만들어 주고 있을게요."

나에게 친정 언니와 같은 권은희 실장님과 대구 식구들.

"저희가 꿈꿔왔던 컨설팅을 자유롭게 할 수 있도록 기회를 주셔서 감사해요."

"몸 아끼세요. 잠깐 쉬다 오세요. 대표님이 건강해야 우리가 좋아하는 일 오래 같이 즐기며 할 수 있어요."

낯선 서울 땅에서 외롭지 않게 해주는 윤승희 실장을 비롯한 서울 식구들.

"신애라 씨, 그동안 준비해왔던 책이 마무리되고 있어요. 혹시, 추천사 써주실 수 있을까요?"
"날 언니라고 편하게 부르면요~"
살림 솜씨, 선한 마음, 얼굴까지 닮고 싶은 신애라 언니.
모두에게 감사드립니다.

당신의 인생을 정리해드릴 수 있는 저의 원동력은 언제나 가족입니다.
가족들에게 다시 한번 진심으로 감사드립니다.

저자
소개

이지영 | 공간 크리에이터

'우리집공간컨설팅' 대표. '정리왕 썬더이대표'라 불리며 수많은 이들의 집을 조금 더 가치 있는 공간으로 만들고 있다. 각종 정리수납 관련 강연과 유튜브를 통해서도 끊임없는 소통을 이어가고 있는 저자는 tvN 예능 '신박한 정리'에서 맞춤형 공간 컨설팅으로 주목받으며 공간에 행복을 더하는 노하우를 함께 나누고 있다. 친언니, 친누나, 친딸 같은 푸근함으로 의뢰인에게 다가가며 진정성 있는 공간 컨설팅을 위해 오늘도 열정적으로 고민하고 있다.

당신의 인생을 정리해드립니다

2020년 10월 8일 초판 1쇄 | 2023년 9월 15일 29쇄 발행

지은이 이지영
펴낸이 박시형, 최세현

기획제안 박시형
마케팅 양근모, 권금숙, 양봉호, 이주형 **온라인홍보팀** 신하은, 현나래
디지털콘텐츠 김명래, 최은정, 김혜정 **해외기획** 우정민, 배혜림
경영지원 홍성택, 김현우, 강신우 **제작** 이진영
펴낸곳 (주)쌤앤파커스 **출판신고** 2006년 9월 25일 제406-2006-000210호
주소 서울시 마포구 월드컵북로 396 누리꿈스퀘어 비즈니스타워 18층
전화 02-6712-9800 **팩스** 02-6712-9810 **이메일** info@smpk.kr

ⓒ 이지영 (저작권자와 맺은 특약에 따라 검인을 생략합니다)
ISBN 979-11-6534-233-3(13590)

- 이 책은 저작권법에 따라 보호받는 저작물이므로 무단전재와 무단복제를 금지하며, 이 책 내용의 전부 또는 일부를 이용하려면 반드시 저작권자와 (주)쌤앤파커스의 서면동의를 받아야 합니다.
- 잘못된 책은 구입하신 서점에서 바꿔드립니다.
- 책값은 뒤표지에 있습니다.

쌤앤파커스(Sam&Parkers)는 독자 여러분의 책에 관한 아이디어와 원고 투고를 설레는 마음으로 기다리고 있습니다. 책으로 엮기를 원하는 아이디어가 있으신 분은 이메일 book@smpk.kr로 간단한 개요와 취지, 연락처 등을 보내주세요. 머뭇거리지 말고 문을 두드리세요. 길이 열립니다.